Para

com votos de paz.

DIVALDO FRANCO
PELO ESPÍRITO OTÍLIA GONÇALVES

ALÉM DA MORTE

SALVADOR
14. ed. – 2024

COPYRIGHT © (1968)
CENTRO ESPÍRITA CAMINHO DA REDENÇÃO
Rua Jayme Vieira Lima, 104
Pau da Lima, Salvador, BA.
CEP 412350-000
SITE: https://mansaodocaminho.com.br
EDIÇÃO: 14. ed. (4ª reimpressão) – 2024
TIRAGEM: 1.000 exemplares (milheiro 84.200)
COORDENAÇÃO EDITORIAL
Lívia Maria C. Sousa

REVISÃO
Plotino da Matta • Lívia Maria C. Sousa
CAPA
Cláudio Urpia
MONTAGEM DE CAPA
Ailton Bosco
Lívia Maria C. Sousa
Ailton Bosco
COEDIÇÃO E PUBLICAÇÃO
Instituto Beneficente Boa Nova

PRODUÇÃO GRÁFICA
LIVRARIA ESPÍRITA ALVORADA EDITORA – LEAL
E-mail: editora.leal@cecr.com.br

DISTRIBUIÇÃO
INSTITUTO BENEFICENTE BOA NOVA
Av. Porto Ferreira, 1031, Parque Iracema. CEP 15809-020
Catanduva-SP.
Contatos: (17) 3531-4444 | (17) 99777-7413 (WhatsApp)
E-mail: boanova@boanova.net
Vendas on-line: https://www.livrarialeal.com.br

Dados Internacionais de Catalogação na Publicação (CIP)
(Catalogação na fonte)
BIBLIOTECA JOANNA DE ÂNGELIS

F825 FRANCO, Divaldo Pereira. (1927)

Além da morte. 14. ed. / Pelo Espírito Otília Gonçalves [psicografado por] Divaldo Pereira Franco, Salvador: LEAL, 2024.
256 p.
ISBN: 978-85-8266-025-6

1. Espiritismo 2. Psicografia 3. Mundo espiritual
I. Franco, Divaldo II. Título

CDD: 133.93

Bibliotecária responsável: Maria Suely de Castro Martins – CRB-5/509

Sumário

INTROITO

Além da morte chegam, sem solução de continuidade, as imensas caravanas de emigrantes da Terra.

Procedentes dos mais variados rincões do Orbe terrestre, trazem estampados no Espírito os sinais vigorosos que lhes refletem os últimos instantes no veículo celular.

Aportam no grande continente da Erraticidade, conduzindo a bagagem dos feitos acumulados durante o trânsito pelo mundo das expressões físicas. Nem anjos nem demônios, mas homens que eram, homens que continuam. A desencarnação não lhes modificou hábitos nem costumes, não lhes outorgou títulos nem conquistas, não lhes retirou méritos nem realizações. Cada um se apresenta como sempre viveu. Não ocorre milagre de transformação para os que atingem o grande porto...

Raros despertam com a consciência livre, após a inevitável travessia. A incontável maioria, vinculada atrozmente às sensações animalizantes, se jugula às lembranças daquilo em que se comprazia, e se demora, desditosa, em bandos, quais salteadores enlouquecidos, pervagando em volta do domicílio carnal, até que a Lei Excelsa os recambie ao renascimento.

Muitos, quais doentes em processo de convalescença de longo curso, são recolhidos a Colônias Espirituais, que abnegados missionários do amor e da caridade ergueram nas proximidades do planeta, onde se refazem e retemperam as forças gastas, para recomeçarem, reaprenderem e exercitarem a ascensão aos planos mais felizes.

Da mesma forma que na Terra enxameiam as afeições intercessórias, além da morte não cessam as manifestações do amor em intercâmbio contínuo, estabelecendo os fortes laços da proteção e do socorro.

O amor em todo lugar é a alma do Universo – manifestação de Deus.

Mesmo os Espíritos calcetas, inveterados perseguidores da paz de muitos outros Espíritos – infelizes que são em si próprios, espalhando, por isso, a infelicidade de que se encontram possuídos – não estão esquecidos do auxílio divino pelos mensageiros abnegados que por eles velam, que os assistem e amparam.

Em toda parte e sem cessar, o devotamento dos bons reflete a paternal Providência Divina.

Morrer, longe de ser o descansar nas mansões celestes, ou o expurgar sem remissão nas zonas infernais, é, pura e simplesmente, começar a viver...

Evidentemente que as dimensões do Céu ou do Inferno, sem o caráter ad aeternitatem, *encontram o seu correspondente em regiões aflitivas onde as consciências empedernidas se depuram para futuros renascimentos na organização física em que se reajustam e se recompõem; ou estâncias de luz onde se comprazem e se reúnem os heróis anônimos do dever, os missionários dos labores humildes que passaram ignorados, os sacerdotes do trabalho aparentemente desvalioso, os pais, irmãos e amigos ricos de abnegação desinteressada, os mantenedores do bem e da ordem, prosseguindo no programa de incessante evolução...*

Após a disjunção celular, a consciência comanda o Espírito e o peso específico das vibrações, por afinidade, encarrega-se de fixar cada um no quadro das necessidades evolutivas.

Não faltam, todavia, aqueles que, na Terra, objetam e recalcitram em torno de tais afirmações.

Não temos, porém, a pretensão de convencer este ou aquele aprendiz da vida em experiência libertadora.

Todos os que se demoram no plano físico defrontarão agora ou mais tarde as realidades espirituais e aprenderão de visu *pelo* processus *da própria evolução, retificando opiniões, disciplinando observações, experimentando...*

A morte *a todos nos aguarda, e a vida é a grande resposta a todos os enigmas.*

Preparar-nos para esses imperiosos acontecimentos é tarefa inadiável, que ninguém pode desconsiderar.

Pensando nisso, a nossa irmã Otília, em páginas que endereça à sua filha, ainda envolta nos tecidos da carruagem física, reúne apontamentos da sua experiência pessoal, que agora apresentamos em letra de forma, guardando a esperança de, com essas narrativas, oferecer advertências e considerações – considerações e advertências, aliás, que vêm sendo repetidas desde os primórdios dos tempos e que, no Evangelho como na Codificação Kardequiana, atingem sua mais vigorosa expressão – aos que trafegam desatentos ou àqueles que buscam consolação e alento na Doutrina dos Espíritos.

A missivista não teve em mente apresentar novidade, considerando mesmo que novidade é tudo aquilo que alguém ignora, já que "nada há de novo sob a luz do sol", sendo a revelação sempre a mesma através das idades, surgindo hoje e ressurgindo amanhã, com aspecto, caráter e roupagens novas.

Existem aqui e além-mar, em letras portuguesas e estrangeiras, excelentes informações sobre a vida além da morte. Muito se disse e muito se dirá ainda. Faz-se necessário, no entanto, repetir, divulgar, acostumar os homens às questões espirituais.

A experiência da nossa mensageira desencarnada foi individual, e a colheita, que é sempre pessoal, pode, entretanto, sugerir lições e ensejar abençoadas meditações ao leitor interessado.

Em um momento sequer desejou a amiga espiritual fazer obra de literatura, por motivos facilmente compreensíveis. Ditou estas páginas nas sessões hebdomadárias do Centro Espírita Caminho da Redenção, *entre os meses de março de 1958 e agosto de 1959, na sua quase totalidade em presença daquela a quem foram dirigidas.*

Ao trazer o presente livro à divulgação fazemo-lo, também, homenageando o mestre lionês Allan Kardec, por ocasião do próximo centenário de A Gênese, *livro no qual se estudam questões transcendentes, palpitantes e atuais à luz clara e meridiana da razão e da Ciência.*

Nossa homenagem singela reflete, mais que outro sentimento, o da gratidão mais profunda, e do respeito mais acendrado ao vaso escolhido, *que se fez missionário do* Consolador, *no justo instante em que o espírito humano se desgoverna e se amesquinha ante as notáveis conquistas do engenho técnico, sem, contudo, os seus correspondentes morais.*

A mensagem consoladora e clara das Vozes do Céu *tem regime de urgência e, ante as perspectivas atraentes do amanhã com Jesus, formulamos votos de paz com as nossas sinceras escusas àqueles Espíritos valorosos, perspicazes e estudiosos que, certamente, não encontrarão aqui o de que necessitam para sedimentação da cultura ou ampliação do conhecimento.*

Exorando ao Senhor que nos abençoe a todos, discípulos sinceros que buscamos ser de Jesus Cristo, sou a servidora,

Joanna de Ângelis
Salvador, 17 de julho de 1967.

Esclarecimentos oportunos

> [...] Vi logo que cada Espírito, em virtude de sua posição pessoal e de seus conhecimentos, me desvendava uma face daquele mundo, do mesmo modo que se chega a conhecer o estado de um país, interrogando habitantes seus de todas as classes, não podendo um só, individualmente, informar-nos de tudo. [...]
>
> (KARDEC, Allan. *Obras Póstumas*. 11. ed. Rio de Janeiro: FEB, p. 241.)

À medida que recuperava a tranquilidade Além da morte, quando as vibrações da carne se diluíam no grande mar do esquecimento, longe das impressões mais fortes do plano físico, desejei retornar aos seres queridos que ficaram na retaguarda, para narrar-lhes a minha experiência.

Examinando, porém, as limitações que me incapacitam, compreendi, de cedo, a impossibilidade que dificultava a realização do meu desejo. Sem cultura intelectual acadêmica, habituada apenas aos problemas do lar humilde, sempre distante das belas letras, não fui aquinhoada, quando na Terra, com as dádivas do saber. Desejava, entretanto, falar aos companheiros de luta, adverti-los, mostrar-lhes as surpresas da vida espírita, oferecer-lhes as impressões pessoais, concitando-os ao trabalho renovador que o Espiritismo oferece a todos, no abençoado campo das realizações imperecíveis.

Embora informada pela Doutrina Espírita de que a vida continuava, esclarecida pela Obra de André Luiz, a que me afeiçoara quando encarnada, esbarrei, assim mesmo, com surpresas e inquietações, à semelhança de turista confuso que, em visita a grande cidade, embora conduza no bolso o livro-guia, procura insistente e desarvoradamente endereços que não sabe onde se encontram...

Quantas aflições e remorsos, receios e ansiedades visitaram minha alma, depois do túmulo, não sei dizer.

Constatei que a vida prossegue sem grandes modificações, oferecendo a cada alma, no cadinho evolutivo, as bênçãos ou punições de que se faz credora.

Atormentados do sexo continuam ansiosos.

Escravos do prazer prosseguem inquietos.

Servos do ódio demoram-se em aflição.

Companheiros da ilusão permanecem enganados.

Aficionados da mentira dementam-se sob imagens desordenadas.

Amigos da ignorância caminham perturbados.

Somente as almas esclarecidas e experimentadas, na batalha redentora, caminham em liberdade, desfrutando a dádiva da esperança entre sorrisos e realizações.

Verifiquei o significado real da Fé. Em vez de ser aceitação passiva de crença religiosa é, antes, programa de ascensão e renovação interior.

Conduzir a claridade pura do Cristianismo, na mente e no coração, é alta concessão do Céu que ninguém desrespeitará impunemente.

E afirmei a convicção de escrever algumas páginas sem a preocupação de fazer literatura nem apresentar soluções de transcendência metafísica aos velhos problemas da alma, tão bem estudados e debatidos desde há muito, nas escolas que se preocupam com o assunto.

Objetivei, apenas, dar mais um grito de alerta, dirigindo à minha própria filha os apontamentos que agora vêm a lume. Deixei que a mente evocasse as cenas que vivi Além da morte, amparada pelas irmãs Liebe e Zélia, benfeitoras incansáveis que se encarregaram, desde as primeiras horas, de me sustentar a alma atribulada, ensejando-me a longa caminhada de restabelecimento.

Não me inspirou, uma só vez, a ideia de escrever um livro, considerando-me, conforme já o disse, incapaz de o fazer.

Amparada pelo meu guia espiritual, foi-me possível, entretanto, realizar o mínimo que agora ofereço ao caro leitor para sua meditação, rogando-lhe desculpas. São anotações de um coração para outro coração que se encaminha para o túmulo. São expressões que você mesmo encontrará mais tarde, queira ou não, acredite ou não. São referências escritas com lágrimas e sob terríveis acúleos de dor. Não acalento outro anseio, senão despertar alguém na carne para a responsabilidade da vida, durante a travessia física no *barco* da existência planetária.

Perdoe-me, pois, o leitor interessado em aprofundar conhecimentos, se nada lhe pude oferecer.

Conservo a alegria de trazer as minhas páginas a você, animada pelas expressões do codificador do Espiritismo quando afirma: "Que se chega a conhecer o estado de um país, interrogando habitantes seus de todas as classes..."

Esse é o país da minha atual residência, relatado pelo amor de uma mãe que na vanguarda adverte a filha em caminho da Eternidade, apontando o velho roteiro evangélico, sempre atual: "*– Fazer a outrem o que se deseja que outrem lhe faça.*"

Agradecendo a Jesus e à Mãe Santíssima, sou a irmã humílima e reconhecida.

Otília Gonçalves
Salvador, 15 de janeiro de 1960.

Além da Morte

Todos os dias che-
gam corações ator-
mentados, além da
morte.
E apesar do hori-
zonte aberto, jazem
no chão como pássa-
ros mutilados...
Loucos, sob a
hipnose da ilusão.
Suicidas, descren-
tes dos propri-
mentos.

Criminosos sen-
tenciados no
tribunal da
consciencia.
Malfeitores que
furtaram de
si mesmos.
Doentes que pro
curaram a enfer-
midade.
Infelizes a se

imobilizarem
nas trevas

...

Alcançando a
grande Luz —
assemelham-se
a cegos da razão
ante a sabedo
ria da nature
za.
Por mais se

lhes mostre a
harmonia do
Universo e
por muito se
lhes fale dos
objetivos da
vida conti-
nuam desdito-
sos e demen-

tados.
Ha quem diga
que os *chamados*
mortos nada tem
a ver com os
chamados
vivos, entretan-
to cómo os
chámados vivos de

hoje, serão
os <u>chamados</u>
<u>mortos</u> de
amanhã, com
possibilidade
de se pertur-
barem uns
aos outros —
caso pense —

vivem na
ignorância —
cultivemos na
Doutrina Espí
rita, o insti_
tuto mundial
de esclareci
mento da
alma, a fim de

que o pensa
mento rege
nerado consi
ga redimir as
suas próprias
criações que
substanciali-
zam a experi
ência da Hu
manidade

nas várias
nações da
Terra,

...

É por isso
que sauda-
mos neste
livro mais
um brado

de renovação
e esperança
concitando-
nos ao apro
veitamento
das horas.
Fixemos a
atenção.

O médium
é o braço do
semeador.
A emissária
é a mão que
semeia.
A mensagem é
a semente de

encarnados
e desencar-
nados, a
palavra de
amor e exa-
tação que
nós é trazida
ao enten-

dimento
assimilan-
do-lhe os
valores im-
perecíveis
porque, em
verdade, an-
dam sem pre

avisados e
felizes os
que trazem
consigo os
olhos de
ver e os ou-
vidos de ouvir!

André Luiz

Uberaba, 13. I. 60.

Página psicografada pelo médium Francisco Cândido Xavier na reunião mediúnica do Centro Espírita Uberabense, na noite de 13 de janeiro de 1960, em Uberaba, MG.

ALÉM DA MORTE

Todos os dias chegam corações atormentados, além da morte.

E apesar do horizonte aberto, jazem no chão como pássaros mutilados...

Loucos, sob a hipnose da ilusão.

Suicidas, descrentes dos próprios méritos.

Criminosos sentenciados no tribunal da consciência.

Malfeitores que furtaram de si mesmos.

Doentes que procuraram a enfermidade.

Infelizes a se imobilizarem nas trevas.

Alcançando a Grande Luz assemelham-se a cegos da razão ante a sabedoria da Natureza.

Por mais se lhes mostre a harmonia do Universo e por muito se lhes fale dos objetivos da vida, continuam desditosos e dementados.

Há quem diga que os *chamados mortos* nada têm a ver com os *chamados vivos*, entretanto, como os *chamados vivos* de hoje, serão os *chamados mortos* de amanhã, com possibilidade de se perturbarem uns aos outros – caso perseverem na ignorância –, cultivemos na Doutrina Espírita o instituto mundial de esclarecimento da alma, a fim de que o pensamento regenerado consiga redimir as suas próprias criações que substancializam a experiência da Humanidade nas várias nações da Terra.

*

É por isso que saudamos neste livro mais um brado de renovação e esperança, concitando-nos ao aproveitamento das horas.

Fixemos a atenção.

O médium é o braço do semeador.

A emissária é a mão que semeia.

A mensagem é a semente de encarnados e desencarnados, a palavra de amor e exortação que nos é trazida ao entendimento, assimilando-lhe os valores imperecíveis porque, em verdade, andam sempre avisados e felizes os que trazem consigo "os olhos de ver" e "os ouvidos de ouvir". (*)

André Luiz

(*) Transcrição das páginas psicografadas pelo médium Francisco Cândido Xavier – mostradas em páginas precedentes – na reunião mediúnica do Centro Espírita Uberabense, na noite de 13 de janeiro de 1960, em Uberaba, MG.

1
A VIDA CONTINUA

Minha filha, que a paz do Senhor seja conosco! Desde o momento em que o *anjo da morte* me dirigiu seu pensamento, enviando-me a lúgubre mensagem da *angina pectoris*, um turbilhão indescritível tomou conta do meu Espírito.

A princípio, com as carnes sacudidas pelos estertores do coração que não mais podia cooperar com a vida física, inenarrável sofrimento tomou-me todas as fibras, do peito ao cérebro e deste aos pés, fazendo-me enlouquecer. Atormentada entre as ideias da *morte* apavorante que eu temia e a ansiedade da *vida* que escapava ao peso cruel do sangue que se negava a irrigar artérias, veias e vasos, senti que ia tombar.

Reuni as forças que desapareciam céleres, abandonando-me impiedosamente, tentando resistir à violência da dor que me despedaçava toda, e mais não consegui senão emitir gritos desesperados, semilouca. Tinha a impressão de que vigorosa mão de ferro me estraçalhava o coração e, a par da agonia que não posso descrever, sentia que a vida fugia rápida, fazendo-me desmaiar, sem que, contudo, desaparecesse a dor superlativa que durante muito tempo iria conservar-me envolta em angústia sombria e inquietante.

Não poderei dizer o tempo em que me demorei desfalecida. Guardo, ainda hoje, a impressão de que, em volta, um torvelinho me arrastava, dando-me a sensação de queda em profundo abismo sem fim.

Subitamente, como se me chocasse de encontro ao solo, despertei agonizante, tateando em trevas, aos gritos de lamentável perturbação. O peito continuava a doer desesperadamente como se estivesse estilhaçado por violento projétil que o varasse, rompendo carne e ossos e deixando-o a sangrar...

Oh! Jesus, o sofrimento daquela hora!...

O tempo passava sem que eu tivesse notícia, senão através da agonia que parecia não ter fim.

Como a dor não cessasse, simultaneamente impressões diferentes me acudiram ao cérebro turbilhonado, agigantando meu desespero. Frio glacial apoderou-se lentamente dos membros inferiores, ameaçando imobilizar-me. Ante essa inesperada sensação, tive a impressão de que pesadelo muito cruel me torturava, mas do qual me libertaria em breve. Aquietei-me um pouco, acarinhando a expectativa do agradável despertar... porque tudo aquilo não passaria certamente de um sonho mau.

Além do frio, dores generalizadas paralisaram-me os movimentos, enquanto o enregelamento me tornava rígida. O pavor rondava-me, implacável. Sem poder mais raciocinar, sacudida nas ondas crispadas desse *mar* de desconhecidos sofrimentos, vislumbrei tênue claridade, como se a alva tocasse meus olhos. Tive, então, as primeiras noções do lugar em que me encontrava, permanecendo, entretanto, imóvel.

De início, turvas e embaçadas, as imagens não se tornavam reconhecíveis. Inquieta, percebi-me deitada no leito costumeiro, hirta e pálida.

Desejei levantar-me, andar, correr, suplicar auxílio; estava paralisada, atada a cadeias poderosas. A língua já não se articulava. O cérebro parecia-me devorado por labaredas crepitantes. Os olhos, fechados, negavam-me fitar a luz, embora eu *visse* tudo e acompanhasse os movimentos exteriores. Escorria-me o pranto incessante, queimando-me a face, e o pensamento se me afigurava qual incandescida caldeira cheia de desesperos a destruir-me.

Não tinha ideia das horas.

Indagava mentalmente, no martírio, o que me acontecera. Onde estava o companheiro de tantos anos? Os irmãos de fé espírita, onde se encontravam eles que me não socorriam? Os cooperadores dedicados do nosso programa de assistência social, para onde fugiram? Para onde conduziram as criancinhas a que me acostumara a amar; por que não me falavam? E lembrei-me do Mestre bondoso que se fizera a segurança de todos os infelizes.

No tumulto do meu cérebro, a figura incomparável de Jesus tomou vulto, amenizando lentamente meus sofrimentos. Embora não cessassem de todo, as dores diminuíram e uma quietação momentânea aplacou-me o incêndio interior.

Respirei algo facilmente.

De longe, pareciam-me chegar aos ouvidos sons e vozes abafados. Embora de olhos fechados, *vi* que algumas pessoas choravam.

Atraída, desejei erguer o corpo; senti-me sair de dentro do casulo carnal, que então pude ver. Encontrava-me deitada no esquife mortuário, e de pé, ao seu lado, simultaneamente.

Apalpei-me apressada e senti-me fisicamente. Tudo em mim vibrava com a mesma intensidade d'outrora, avolumando-se às impressões da carne a agressão da dor.

Procurei alargar os movimentos e percebi que o frio terrível desaparecia, desatando-me do potro da rigidez. Andei um pouco vacilante e, de súbito, na minha mente brilhou inesperada ideia: eu não estaria morta, porventura?! – indagava-me. Atirei-me apressadamente ao corpo na tentativa de erguê-lo para fugir a esse pensamento *tenebroso* e libertar-me das aflições. Não consegui, entretanto, meu intento. As lágrimas voltaram a romper as represas e corriam volumosas.

Não, não era possível, afirmava intimamente, tentando aquietar-me. Tudo aquilo não passava certamente de um sonho fantástico ou de um desdobramento mediúnico, no *reino da morte.* Não era crível que eu tivesse morrido. Sentia-me viva, não obstante as dores que me cruciavam. Encontrava-me lúcida, raciocinava, sofria... Não podia estar morta. Quando acordasse, oraria e procuraria apagar das lembranças aqueles momentos de pavor.

Estive quase aliviada com esses raciocínios. No entanto, a realidade era outra.

Ao abraçar-me ao corpo, senti-lhe a frieza e verifiquei, apesar de deitar-me sobre ele, que não me conseguia ajustar qual ocorre à mão calçada em luva inapropriada. Esforçando-me para *vesti-lo* outra vez, verifiquei, atribulada, que minha vontade não mais o acionava.

Compreendi, embora relutante: estava *morta*.

Ao admitir esta ideia, fui acometida de profundo terror. Voltaram-me à mente as explanações do nosso Diretor espiritual, ouvidas em nosso cenáculo de orações. Antes de refazer-me da surpresa, descobri-me profundamente ignorante em Doutrina Espírita, que é abençoado roteiro no *país dos mortos*. Tentei recapitular os ensinamentos ouvidos antes; todavia, o inesperado daquela hora descontrolava-me, prostrando-me abatida, mais uma vez.

O torpor, que antes me invadira, retornou, deixou-me livre somente o pensamento que, agora, percorria célere as sendas das recordações misturadas às lutas da existência, fazendo-me defrontar o corredor da loucura.

Surpreendi-me novamente fora do corpo, apesar de a ele estar atada por fortes cordões que não impediam que me distanciasse. Passei, então, a experimentar alívio novo e ouvi, emocionada, o murmúrio de preces intercessórias. Nossas crianças[2] e companheiros, em volta do caixão funerário, oravam pela minha alma, que se iniciava na grande viagem. Procurei ajoelhar-me acompanhando aquele culto de saudade, mas, antes que pudesse coordenar os pensamentos, leve sono venceu-me, vagarosamente, as fibras cansadas, convidando-me ao repouso.

Perdendo-me em remoinho, sentia afrouxarem-se-me os músculos, ao mesmo tempo em que meus pensamentos mergulhavam nas *águas escuras* do esquecimento. Embora desejasse acompanhar o desenrolar dos acontecimentos daquele instante máximo de minha vida, deixei-me arrastar pelo cansaço, experimentando invencível torpor mental, enquanto recordava que a vida continua...

---

[2] Otília Gonçalves foi Diretora da *Mansão do Caminho*, em Salvador, Bahia, durante alguns meses (nota da Editora).

2

A CAMINHO DO SEPULCRO

Não tive noção do tempo em que permanecera em agitado sono, vencida por emoções violentas e complexas. Ao despertar, guardava a sensação do intenso frio que me envolvia, enquanto as células de todos os órgãos continuavam a negar-se a atender ao comando do cérebro paralisado. Todo o meu corpo estava aniquilado ao impacto de forças desconhecidas.

Abri os olhos e, em verdadeiro pandemônio emocional, encontrei-me no salão da nossa Casa de Orações, com o corpo deitado no ataúde, visão essa que aumentava o meu sofrimento.

A dor no peito ampliava-se, constringindo-me a garganta sedenta. Desejei desesperadamente um copo de água fresca, inutilmente. Enquanto a sede me escaldava os lábios, ardiam-me os olhos, doía-me o corpo e o cérebro era devorado por inquietações crescentes.

Ante a evidência da desencarnação, procurava orar, sem o conseguir, atormentada pela inconformação. Portadora de alguns conhecimentos da Doutrina dos Espíritos – caminho de luz no mundo de trevas –, recusava-me, contudo, a aceitar a realidade inelutável.

É certo que eu sabia, através de noções doutrinárias do Espiritismo, que a morte não representa o fim, mas o princípio de uma vida imperecível, e acreditava-o de coração. No entanto, meditava, acomodando a Superior Vontade aos meus próprios caprichos: eu não podia morrer ainda. Necessitava da generosidade do tempo para desincumbir-me das tarefas a que ultimamente me entregara, no santificante serviço do amor. Recordava o passado próximo, as lutas malsofridas, revia a taça de ilusões onde tantas vezes me embriagara, e compreendia a inadiável urgência de recuperação, no labor das horas novas, libertando-me, então, das pesadas algemas.

Em meio a esse conjunto de anseios e interpelações, entre evocações de enganos sofridos e receios dos efeitos que chegariam, vi-me, de súbito, diante de grande painel, ligado à minha mente, para o qual fui poderosamente atraída. Pude ver, como numa grande tela cinematográfica, o desenrolar dos fatos que representavam a minha existência, em miraculoso retrospecto, repetindo-se em vertiginosa celeridade, sem omissão de qualquer detalhe.

Revi-me na infância, programando os jogos do futuro no tabuleiro da inocência. Coisas e acontecimentos mortos em minhas lembranças surgiam-me com seus contornos e nitidez impressionantes, gritando-me à memória em brasa os erros e gravames das atitudes nem sempre dignas de antes.

E o incrível é que, para cada compromisso com o erro daquele tempo, surgiam-me agora as soluções que antes não me ocorreram, patenteando a Sabedoria de Nosso Pai ao alcance de nossas mãos, mas nem sempre utilizada. Raciocinando, esquecida por um momento de todas as dores, reencontrava o Evangelho Redentor a apontar diretrizes para a alma juvenil, e que eu ouvira nas aulas de Catecismo ou junto ao coração materno. Retornei, por esse processo, às ruas do passado, revivendo as lágrimas e os sorrisos da existência.

Conservava a impressão de que todos os meus atos eram cuidadosamente anotados por criterioso e vigilante amanuense a quem nada escapara, registrando, inclusive, as ideias más que um dia ou outro me visitaram a tela mental. A perfeição dos escritos era tal que estes tomavam forma, movimentando-se à minha vista, cobrindo-me de vergonha e horror.

Quanta coisa negativa construíra nos meus dias, sem o perceber. Sabia não ser um anjo em viagem turística na Terra. Todavia, jamais supusera ter sido tão negligente no cumprimento do dever. Algo interior desejava protestar contra muitas cenas, agora em revisão. Mas a consciência, libertada das algemas da acomodação, impedia-me de mentir, ampliando ainda mais as responsabilidades do momento.

Aterrada, cheguei à conclusão de que os pensamentos e atos da criatura se fixam no Além, por processos que me escapavam ao entendimento, permanecendo vivos, mesmo quando deles nos esquecemos.

Antes que pudesse alongar-me em meditações proveitosas, na inquietação que me sacudia, retornei à sala onde outra realidade me fazia mais desencantada e aflita... Não podia agora contestar a realidade da minha *morte*.

Observei que todos oravam, e, ouvindo alguém chamar-me com veemência, fui arrastada e deparei-me contigo, minha filha. Pude ver que recordavas os dias em que vivemos juntas, porquanto os teus pensamentos formavam quadros vivos onde eu me encontrava também.

Desejei abraçar-te, mas, quando me dispunha a isso, erguiam o caixão que me conduzia o corpo.

O pavor do momento foi-me superior à capacidade de calma e confiança. Procurei, no meu desespero, correr para longe daquela cena pungente que me feria e amargurava; todavia, cordões espessos e escuros ligavam-me aos despojos, arrastando-me com eles...

Reconheci as ruas por onde seguia o féretro, embora as notasse escuras e movimentadas, como se pesada sombra se abatesse sobre as casas, e multidão desvairada tivesse saído às calçadas. Escutei a voz dos transeuntes que pareciam revoltados, brandindo pedaços de madeira como armas improvisadas. Alguns me ameaçavam e, vendo-me a expressão de horror, recuavam gargalhando, como loucos libertos de sanatório nefando.

Chegando ao cemitério, ouvi gritos e lamentações que me despedaçavam a alma. As vozes, que mais se assemelhavam a emissões animalescas, compunham musicalidade infernal, indescritível. Massa humana, de grotesca forma, cercava-me o ataúde, comentando, zombeteira, a situação da recém-chegada:

– Será discípula do Cordeiro ou irá engrossar nossas fileiras? – Disse alguém com sarcasmo.

– Examinemos-lhe as emanações – retorquiu outro.

– Cuidado com os vigilantes *miseráveis* – advertiu um terceiro.

– Deve ser alguma *pobre ovelha do Rebanho*! – exclamou mais alguém. E com a mesma voz: – Olhem as defesas que a envolvem...

– Não nos impacientemos – gritou o primeiro. Saibamos esperar e aguardemos os acontecimentos. Deixemos que os *comparsas de fé* lamuriem os apelos ao Chefe e seus *sequazes*.

Tudo aquilo era um fenômeno novo e horripilante. Aconcheguei-me ao caixão, desejando arrebatá-lo e fugir dali com o fardo das minhas carnes.

Não me pude demorar na contemplação daquelas cenas terríveis. Força incoercível detinha-me atenta no esquife que era depositado no fundo da sepultura. Escutei o som da laje a cobrir-me os despojos e o dos instrumentos que eram usados para o lacramento da campa. Apavorada, encontrei-me ligada às vísceras mortas, estando viva. Gritei desesperadamente, em lamentável estado, e caí desmaiada.

Até o momento, não sei quanto tempo ali estive em delíquio.

Despertei lentamente, conservando a cabeça atordoada, demorando-me a recompor os pensamentos que pareciam perdidos em brumas espessas. Doía-me o *corpo*, sacudido de quando em quando por terríveis arrepios. A dor agudíssima do coração demorava a esmagar-me de uma vez.

Verifiquei que, embora o corpo estivesse morto e começasse a avolumar-se, tomando aspecto horrendo, eu me sentia em um corpo gêmeo àquele que caminhava para a putrefação e, em tudo, idêntico a ele, inclusive no vestuário.

Mas não dispunha de serenidade para meditar.

Vagarosamente rememorei os últimos acontecimentos e, quando ao recordá-los, cheguei à certeza de que estava na sepultura, fui acometida de convulsivo pranto.

3

A SALVADORA PRESENÇA DE LIEBE

Odores pestilentos e desagradáveis invadiam-me as narinas, causando-me sucessivas náuseas. Verifiquei que o meu corpo se tornara volumoso, começara a se decompor, enquanto aluvião de asquerosos vermes se locupletavam nas carnes entre as vestes úmidas e imundas. Era toda uma massa informe em apodrecimento. Emanações insuportáveis asfixiavam-me sob a laje de cimento que em repetidas tentativas de liberdade desejei erguer, redundando a luta em esforço inútil e cansativo.

Ciente da realidade de minha *morte*, cercada de compactas trevas, sabedora do corpo em decomposição no cemitério, experimentava avassaladora angústia. Não conseguia demorar-me em conjecturas; não podia raciocinar mais demoradamente; não coordenava ideias; tudo se passava rápido, cruel, fugindo e retornando à retina mental em remoinhos sucessivos. E, acima de tudo, sentia necessidade de ar, de luz, de paz...

As lágrimas que me pareciam sair do coração ferido e amargurado banhavam-me sem que conseguissem lavar-me o lodo que também me empastava a forma nova, em tudo idêntica à que lentamente apodrecia.

Apalpava-me e constatava a presença da dor física, embora desligada do corpo. Sentia-me pesada, raciocinando com dificuldade, esmagada na cova sepulcral.

Num desesperado esforço, tentei fazer um balanço, reunindo todos os fatos da minha vida, até onde podia alcançar, procurando esquecer, por momento, a sensação da violenta dor que se demorava na região cardíaca, e recordei, emocionada, a inadiável necessidade de orar. Sim, a prece ser-me-ia a única fórmula medicamentosa capaz de restituir-me a paz, a serenidade. Recordei-me, então, do Senhor Jesus, o Amigo dos aniquilados e Companheiro constante dos infelizes. A sua figura vitoriosa, além da cruz, retornou à minha mente, trazendo-me revigorante calma. A princípio, vagamente, depois mais nítida, a lembrança do Cordeiro de Deus fez-me esquecer a própria aflição, ao compará-la com a Sua dor, no infinito desconforto da cruz, por amor a todos os homens – os companheiros ingratos. Pela primeira vez, minha filha, experimentei tranquilidade junto aos despojos carnais, no fundo da sepultura.

Reconheci-me como sou: ingrata e egoísta, pobre e sem valia. Enquanto Ele não pronunciara uma só queixa à frente dos inenarráveis sofrimentos e humilhações, eu me entregava à desesperança e à revolta. Sua lembrança tomou-me o Espírito atribulado e a prece, clara e pura, repassada de fervor, saiu-me pelos lábios, ditada pela fonte do sentimento.

Oh! o consolo que deriva da prece murmurada pelo Espírito confiante, após a aflição! Somente poderão sabê-lo aqueles que na última instância a ela se entregarem, esperançosos, rompendo as distâncias, lançando a grande ponte entre o mundo propínquo das dores e o Reino longínquo das misericórdias divinas.

Ainda não havia terminado a rogativa, quando me chegou aos ouvidos, como em formoso sonho, doce e meiga voz que banhou de harmoniosa musicalidade o estranho recinto.

– Onde escutara antes aquela agradável entonação vocal? – interrogava-me. E, depois de breve rememoração, identificava nos recônditos da alma a mensageira visitante. Era a irmã Liebe, não havia dúvida. Era aquele anjo que tantas vezes, no Culto de nossas orações no lar, nos convidara a seguir o Mestre, concitando-nos a amá-lO acima de todas as coisas terrenas. A mesma meiguice de outrora, o mesmo carinho, o mesmo amor, numa mensagem do Céu ao abismo da minha indigência e agonia.

– Sou a tua irmã Liebe que vem das claridades da "*morte*" para o teu coração envolto nas trevas que circundam as cinzas da "*vida*".

"Trago-te o refrigério e a esperança em nome de Quem é toda a Misericórdia e Consolação. Antes de mais nada, silencia as indagações inoportunas e os anseios desordenados, e entrega-te aos sábios desígnios que escapam, momentaneamente, ao teu entendimento.

"A Lei, acima de nossa compreensão, faz-se respeitar, seguindo a rota de sua direção. Confia, somente."

Escutava-a, deslumbrada, sem, entretanto, ver-lhe o vulto querido. Desejando aproveitar ao máximo a felicidade do instante, não pude sopitar as indagações que me fervilhavam no cérebro incendido:

– Que fazer, irmã querida, em tão trágicas circunstâncias? Como libertar-me daqui?...

– Tenho estado contigo desde o instante em que começaram as tuas aflições – respondeu bondosa. Todavia, prendias-te mais à lamentação improdutiva que à fé, malbaratando o tesouro precioso da oportunidade de confiar e esperar. Quando, porém, resolveste buscar a Fonte Viva, pela oração eficiente, rompeste as algemas que retinham tua mente no oceano físico e emergiste da penosa faixa de vibrações.

"Lembra-te, entretanto, de que a caminhada será muito longa. É aconselhável não esqueceres a recomendação do Mestre, consoante as anotações de Marcos,[3] a respeito da prece. Sabes que através da oração, a alma, aspirante ao Céu, veste-se de consoladora paz e tem forças para a ascensão.

"Enquanto jornadeamos no mundo, perdemo-nos, invariavelmente, entre recitativos oracionais e amontoado de inexpressivas fórmulas, pondo ao longe o sentimento devocional e o exame de consciência no culto da prece. Livres, entretanto, da carne, verificamos que a prece propicia o alargamento dos horizontes espirituais, favorecendo o intercâmbio que faculta o banho no infinito mar das formosas concessões.

"Ao orares, não arroles queixas nem lamúrias; não relaciones apontamentos apressados; não apresentes necessidades... O Senhor, que a todos nos conhece, sabe das necessidades que nos assinalam a existência e supri-las-á, naturalmente.

"Abre-Lhe o coração com amor e fala ungida de piedade e esperança. Colocando a alma em cada frase, recorda e repete a oração dominical[4] que o próprio Senhor nos ofereceu, como legado de amor, e confia na caridosa assistência que não tardará."

---

[3] Marcos, 11: 24 a 26

[4] Lucas, 11: 1 a 4 (notas da autora espiritual).

Silenciando-se a voz carinhosa, procurei retemperar o ânimo e, como se voltasse à casa materna, revi-me pequenina e pobre, vestida nos panos da simplicidade, junto ao colo protetor de mamãe, mãos unidas, em noite de frio, repetindo com ela o *Pai-Nosso*. Com a imagem fixa na mente, com toda unção e recolhimento, tentei naquela hora singular repetir as comoventes e claras expressões.

As palavras vestidas de emoção umedeciam meus olhos. As lágrimas então já não tinham o mesmo sabor de agonia e revolta. Conquanto as dores não tivessem cessado de vez, a serenidade demorou em minha alma.

Permaneci, olhos fechados, ajoelhada como nos tempos passados, orando demoradamente, esquecida do cubículo infecto onde me encontrava.

Ao descerrar as pálpebras, deparou-se-me suave claridade a espraiar-se nas paredes e, sorrindo, surgiu o delicado e compassivo rosto de irmã Liebe, aureolado de fios dourados. Lentamente se foi delineando e, em breve, surgia-me deslumbrante e bela. Do tórax estendiam-se raios de luz que me penetravam, banhando-me inteira. Vitalidade antes não experimentada visitou-me, exuberante, reanimando-me fortemente.

Fitando-me com benevolente expressão, falou-me, confiante:

– Não temas. Vem! Saiamos daqui.

4
AINDA NO CEMITÉRIO

Amparada pela alva mão de irmã Liebe, tive a impressão de que a laje de cimento que tanto desejara erguer em busca de liberdade, do ar e da luz, apresentava possibilidade de ser transposta. Quase sem que o percebesse, atravessamos o obstáculo que tanto me afligira antes, e, em breve, aspirei a longos haustos o ar da *casa dos mortos*, misturado a complexo aroma de flores desabrochantes e em decomposição.

A noite calma e o céu coruscante ofereciam acolhedora esperança ao meu Espírito aflito. As estrelas mais se pareciam a joias engastadas em veludoso manto, acenando de longe, com suas luzes, as mensagens silenciosas da paz. A luz principiava a sua travessia pelo Infinito e para isso se cobrira de tênues véus de nuvens alvacentas, qual noiva jubilosa no momento da boda. E, certamente, era ela a noiva da alva em caminho das suas núpcias com a luz.

Meus ouvidos espirituais escutaram o bater lento das horas: meia-noite! Vento frio soprava, dobrando os ciprestes escuros banhados da claridade lunar.

Os vultos solitários dos anjos de pedra sobre os jazigos confundiam-se com as coroas de metal que tentavam imortalizar as expressões floridas da Natureza e tomavam aspectos variados no claro-escuro do ambiente.

Ainda me encontrava embevecida pela visão da noite argêntea, quando a irmã Liebe me convocou para a recordação do Evangelho, no que diz respeito ao zelo pela prece e à vigilância para evitar mergulhos na tentação.[5]

Busquei a meditação, tentei reequilibrar-me interiormente e, como se a vista me alargasse a percepção, notei que multidões pervagavam entre os túmulos, formando grupos vários que se confundiam em confabulações...

Alguns, de ar escarninho, passavam gargalhando e satirizantes, proferindo expressões vulgares, zombeteiras e coléricas. Guardando carantonhas ridículas e disformes, surgiam de súbito, em esgares infelizes, perdendo-se, logo após, no escuro dos jazigos. Outros se conservavam ajoelhados, em atitude de oração, consoante suas confissões religiosas, banhados de pranto, em imprecações desesperadas. À medida que minha visão se tornava mais profunda, conseguia registrar as cenas em derredor, multiplicando-se as ocorrências. Notei que o número de visitantes aumentava consideravelmente.

– Observa o mausoléu ao lado – falou-me a irmã Liebe, sem afetação.

Olhei na direção indicada e defrontei-me com uma anciã, de venerandos cabelos brancos, ajoelhada junto a uma cruz, retorcida pelo tempo, orando com emoção e enternecimento. Dos seus lábios, coroando o murmúrio de prece, colorações de luz, em cambiantes multicores, caíam sobre a pedra tumular. Apesar de singelamente vestida, deixava

[5] Marcos, 14: 38 (nota da autora espiritual).

perceber, à primeira vista, a nobre hierarquia espiritual a que pertencia.

Tocada pela beleza da anciã, fui naturalmente impelida a indagar quanto à procedência de tão nobre matrona. Antes, porém, que eu enunciasse a questão, a amiga espiritual esclareceu:

– Trata-se de devotada mãe, em serviço de assistência à filha desencarnada há mais de cinco anos e que ainda se encontra presa às reminiscências físicas. Ligada fortemente aos Espíritos infelizes, aos quais negara oportunidade de reencarnação, quando no plano carnal, sofre-lhes agora as funestas consequências.

"Saída das zonas de recuperação espiritual – continuou a irmã Liebe –, ao nascer, trazia consigo o compromisso de receber nos braços, pela maternidade torturada, quatro adversários de outrora, com os quais deveria refazer os liames do amor pela sublimação nos testemunhos dolorosos.

"Filha da classe média, contraíra núpcias com antigo companheiro, cujos recursos valiosos se constituíam dos tesouros morais, pois que, na esfera dos negócios era, apenas, servidor do comércio, sem muitas possibilidades.

"Educada nos padrões imediatistas do Planeta, apesar dos esforços e exemplos maternos, preferira, logo depois do matrimônio, o jogo enganoso das ilusões, em detrimento das responsabilidades sagradas do lar.

"Alegando dificuldades de ordem financeira, não permitiu que a família crescesse além de um rebento que lhe constituía felicidade vaidosa, fechando as portas da oportunidade aos demais necessitados. Reiteradas vezes, solicitada à aquiescência procriativa, negara-se, embora as admoestações da mãezinha, a esse tempo ainda reencarnada. Conselhos, advertências e apelos não lhe modificavam a atitude íntima. Todavia, descuidando da vigilância, por duas vezes se sentiu visitada pela presença do feto que impiedosamente expulsou, revoltada, com o auxílio de drogas que igualmente a minaram, dia a dia, através de enfermidade desconhecida e pertinaz, com sede no útero.

"A desvelada genitora, ao seu lado, desdobrou esforços e canseiras, assistindo-a com o carinho necessário e a oração silenciosa, oferecendo-lhe energias reparadoras à organização combalida.

"Logo que se sentiu aparentemente recuperada, a infanticida retornou ao lugar comum, longe do equilíbrio nobilitante e salvador.

"Nesse ínterim, a mãezinha debilitada pelas noites insones e longas, atravessadas nas laboriosas tarefas dos inadiáveis deveres, desencarnou entre preocupações e lágrimas.

"Não passaram doze meses, depois do nefando crime do aborto – continuou a gentil mensageira, dando nova inflexão à voz, emocionada –, e a jovem sentiu-se novamente visitada pela bênção da oportunidade maternal. Todavia, assim que percebeu a presença da vida, brotando dentro do ventre, deixou-se arrastar por ódio violento, tentando, por todos os meios, libertar-se do intruso não solicitado.

"Sua mamãe, então desencarnada, portadora de bela folha de serviços, interferiu junto de amigos espirituais, conseguindo a dita de falar-lhe em sonho, sobre as responsabilidades sagradas da mulher, concitando-lhe à aceitação do dever, em cujo resgate estava empenhada a própria vida. Admoestada pela abnegação maternal, comprometeu-se a conduzir os passos noutra diretriz, sem o confirmar, entretanto. Ao despertar, embora guardasse as impressões registradas no subconsciente, reconduziu a mente às ideias habituais, procurando, desvairada, o concurso de infeliz mulher, dedicada ao crime do abortamento.

"Executado o ato macabro, retornou ao lar e reintegrou-se no mundo calamitoso das aparências.

"Sentindo-se falido na tentativa, pela terceira vez, o Espírito, despejado violentamente, voltou a aderir psiquicamente nas paredes uterinas, provocando hemorragias violentas que não puderam ser sustadas, nem mesmo com imediata intervenção cirúrgica.

"Vinculada poderosamente aos laços carnais, demora-se, até hoje, vampirizada pelo vingador implacável, e perseguida por outros sicários dos quais procurou fugir, cerceando-lhes o acesso aos planos dos reajustes na carne."

– E quando se libertará? – perguntei, inquieta.

– Só Deus o sabe! – respondeu, penalizada.

– Precisamos recordar – acrescentou a prestimosa enfermeira – que a pobrezinha dispôs de oito anos, abençoada pelas ensanchas do matrimônio e atendida seguramente pelo acolhimento socorrista e esclarecedor da genitora. Agora é com o tempo...

Antes que a irmã-amiga encerrasse o assunto, indaguei, recordando de mim mesma:

– E a oração da mãezinha devotada oferecer-lhe-á algum efeito benéfico, uma vez que só o tempo poderá libertá-la do desespero a que se atirou?

– Evidentemente – elucidou, bondosa. A prece, em todas as situações da existência, é um refrigério e um bálsamo. Ela não sentirá o concurso oracional livrando-a do sofrimento, o que representaria ludíbrio à Lei. No entanto, experimentará trégua íntima, recordando os deveres traídos, o lar destroçado por sua culpa e, através de meditações e lágrimas, preparar-se-á lentamente para o futuro. Agasalhará no íntimo a esperança e lutará contra o ódio que a consome nas garras da desesperação.

Profundamente impressionada, ensaiei íntima oração intercessória, esquecendo-me de mim mesma, como me acostumara a fazer nos dias passados, no reduto das nossas comunhões mediúnicas com o Além-túmulo. Pude verificar, em meu próprio ser, o quanto é a prece manancial de bênçãos, ao alcance das nossas mãos, o que nem sempre sabemos utilizar devidamente.

Despertando-me das cogitações, a irmã Liebe convidou-me a sair do cemitério, enlaçando-me com ternura carinhosa.

5

À BEIRA-MAR

Em breves palavras, a irmã Liebe falou-me da necessidade de contato mais amplo com os fluidos da Natureza, a fim de favorecer a minha reabilitação. E como me encontrasse depauperada, o meu transporte até à praia próxima seria feito sob ação de sono magnético.

Tocando-me as têmporas, levemente, tive a sensação agradável de sono invencível que me dominou.

Despertei à beira-mar, num encantador recanto do litoral, bordado de coqueiros prateados pela luz da Lua cheia. As ondas próximas despedaçavam-se em brancas espumas que se desfaziam nas areias alvas e brilhantes, em ritmo bravo, incessante...

Não se ouviam outras vozes senão o canto do vento e o bramir do mar.

Relva baixa e verdejante margeava a praia como tapete macio que convidava ao repouso, e o cenário era, na sua beleza virgem, imperioso chamamento à oração e à paz.

Aspirei o ar puro da noite, tomada de emoção crescente. O odor agradável e balsâmico de flores do campo misturava-se ao agradável cheiro de algas marinhas. Absorvia essas dádivas sublimes da Natureza, que me beneficiavam a organização espiritual combalida, de maneira salutar.

A irmã Liebe, regozijante com a poesia da noite, chamou-me a atenção para as belezas do ambiente vibrante de vida e festa.

Encontrávamo-nos a poucas dezenas de metros das areias praieiras, em outeiro bordado de vegetação luxuriante, junto à antiga construção de pedra que pertencera, no passado, a senhores que haviam colonizado a região.

Entre as velhas colunas e arcadas quebradas, a Lua desenhava caprichosas figuras, e, pelas frinchas da construção arrebentada, a noite murmurava queixas e saudades na voz do vento.

Apontando o casario abandonado, a zelosa amiga espiritual falou, dando origem a conversação edificante:

– Eis ali um exemplo eloquente da vacuidade da vida física. O esplendor sucedido pela decadência, e a glória seguida pela ruína e pelo olvido.

"Outrora, aqueles salões, hoje reduzidos a escombros, vestiam-se de gala e luz, enquanto a senzala esquecida jazia na treva e na dor.

"Com o passar do tempo, desapareceram os júbilos e os senhores, os cativos e as dores. Tudo foi reduzido a um monte de ruínas, coberto de vegetais vitoriosos.

"Da construção e de seus donos ficaram vivos os contos da tradição oral e os muros arrebentados..."

E após breve pausa:

– Também na vida física o fenômeno que comentamos é o mesmo para todos: berço e túmulo, como portas da existência; infância e velhice, como estações de chegada e saída; e juventude e maturidade, como lugar de aprendizado, no campo emocional. Início e encerramento da viagem, meios e oportunidades de utilização do ensejo, no jogo ilusório do corpo. Raros, entretanto, se dispõem verdadeiramente ao aproveitamento devido. Alguns seguem vitoriosos por fora, e escravos por dentro. São os que acreditam no poder temporário. Outros abandonam a luta dignificante, matando o exterior, e despertam no silêncio aflitivo da inutilidade de que se fizeram mestres. Somente poucos realizam o aproveitamento real, com a utilização dos bens terrenos, no programa de construção da felicidade além do mundo.

E desejando, talvez, ampliar a oportuna dissertação, prosseguiu, com voz pausada e clara:

– Enquanto não compreendermos a necessidade de valorizar a vida no plano físico, continuaremos invadidos pelo infortúnio a bater-nos desapiedado, com os chicotes resultantes das ações impensadas. A vida na carne é patrimônio que não merecemos. Significa concessão misericordiosa para renovação, aprendizado e libertação. Toda a luta deve ser dirigida para a realização dos objetivos essenciais do programa que nos conduz ao renascimento.

"A alma mergulha na carne, cheia de boas intenções e desejosa da recuperação do tempo. Todavia, a boa intenção e o desejo, apenas, não respondem positivamente pela felicidade. É imprescindível ação realizadora no campo do bem geral. Mas, o que acontece comumente é que o contato com o corpo ocasiona a anestesia da memória, faz que o roteiro traçado com o concurso das lágrimas e do arrependimento fique à margem, e a criatura volta aos hábitos milenários onde pontificam o prazer, a cobiça e o crime. A perigosa e atraente rede da ilusão arrasta diariamente multidões descuidadas, que malogram desastradamente, adiando, por tempo indefinido, a ascensão aos planos mais altos..."

Não me pude furtar a profunda meditação. Compreendia, tardiamente, é certo, o manancial de luzes que o Espiritismo nos confere, e que eu não soubera aproveitar devidamente. Em pensamento, retornei à mesa simples das nossas sessões de mediunidade, em cujas tábuas tantas vezes colocara as mãos em busca do concurso da Espiritualidade. Recordei advertências e ensinamentos, conselhos e roteiros ouvidos, nos quais o convite ao trabalho e à oração, o apelo à vigilância e ao auxílio eram notas frisantes, e não pude conter as lágrimas que, sucessivas, me banharam o rosto. Pela memória, acompanhei o desfilar de tantos benfeitores anônimos, generosos e compassivos que, tantas vezes, enternecidamente, distinguiram-me o Espírito, com expressões de bondade e zelo, verificando, aterrada, quanto fora negligente e descuidada no Campo do Senhor. O desânimo assenhoreava-me, quando a vigilante benfeitora, interrompendo-me o curso das reflexões, atalhou:

– Otília, minha irmã, recorda que Jesus não deseja a morte do pecador, mas a do pecado. Desanimar agora seria o mesmo que retroceder. O discípulo do Evangelho não dispõe de tempo mental para o receio ou para a dúvida. Não te lamentes!

"Cristo, em nosso caminho, é uma permanente oportunidade nova. Se achas que não aproveitaste devidamente o *ontem*, lembra-te de que *o amanhã* pertence à tua alma.

"Robustece o Espírito na fé e reanima-te, pois que muito terás a fazer.

"Alegra-te no Senhor, que nunca nos abandona, e, sem perda de tempo, põe mãos à obra. Jesus espera muito de nós. Nossos irmãos choram em diversos planos do orbe e suas vizinhanças, aguardando socorro em nome do Céu.

Não dispomos de tempo para a despesa da inutilidade. O passado pode constituir-se de sombras; todavia, o amanhã é sempre uma luz nova que dissipa todas as trevas. Ergue-te e não temas!"

Com admoestações tão oportunas, alento novo invadiu-me confortadoramente.

Modificando a inflexão da voz, após a pausa que se fizera espontânea, Liebe, apontando as ondas inquietas, prosseguiu:

– O mar é fonte de energia e vitalidade. Por enquanto, o homem não tem sabido valorizar, devidamente, os benefícios magnéticos do Oceano. Laboratório de forças vitais, depositário de gloriosas e velhas civilizações, santuário de milhões de espécies vivas, é um mundo inexplorado, a conquistar.

"Com Albert I, príncipe de Mônaco, começaram as primeiras excursões de pesquisa científica, medindo-lhe a profundidade, conhecendo-lhe os acidentes, examinando-lhe a flora e a fauna. A Oceanografia moderna, entretanto, com os recursos técnicos de que dispõe, candidata-se a descobertas valiosas no seio grandioso das águas. Embora quanto já se conheça sobre a vida submarina, muito há escapado à observação dos pesquisadores no que concerne aos fluxos e refluxos das marés, com seu potencial de energia pura que tantos benefícios produzem na organização físico-psíquica do animal e do homem."

E como se perscrutasse a região, utilizando recursos que me eram desconhecidos, concluiu:

– Multidões de desencarnados nas cidades próximas são aqui trazidos para necessário e inadiável refazimento. Outrossim, encontros espirituais de ordem superior, entre os habitantes das duas esferas da vida, aqui se concertam, quando as dádivas do sono descem sobre os corpos cansados na luta humana. Cuidadosos benfeitores da nossa esfera conduzem tutelados alquebrados e desfalecidos para regiões semelhantes a esta, em toda a costa marinha, a fim de que o ar puro das praias restitua ao perispírito as funções temporariamente traumatizadas pelo transe desencarnatório.

Encontrava-me encantada. Quando encarnada, sempre sentira inexplicável atração pelo mar, motivada talvez, supunha, pelas histórias ouvidas desde a infância, sobre os mistérios e belezas ocultas na profundeza das águas. Agora, todavia, após os apontamentos da devotada irmã, começava a compreender os valores reais, descobrindo belezas, antes ignoradas.

Muito longe, por detrás dos coqueiros, a madrugada desenhava rastros de luz. Vento mais frio soprava ligeiro, açoitando as ondas que se quebravam ao longe.

Acarinhando-me, a benfeitora convidou-me ao repouso. Havia catorze dias, segundo informava a irmã Liebe, ocorrera a minha desencarnação.

Embora todo o encantamento da paisagem e da palavra da esclarecida enfermeira, a sensação de dor persistia, se bem que menos acentuada.

Após aquele repouso, seria transportada a uma Colônia Assistencial, próxima à crosta planetária, para tratamento e recuperação de energias, ingressando, assim, na realidade do mundo espiritual, onde dava os primeiros passos, com vacilação.

Reclinadas em tufo de capim, recebíamos a brisa agradável da alva. Suave torpor envolveu-me, lentamente, fazendo-me adormecer.

6
Fraternidade: Bênção de Deus

Quando o dia estava alto e a passarada inquieta entoava hinos ao Sol, despertei. Embora mais refeita, guardava sensação dorida na região do peito, a respiração difícil e a perturbante saudade. Com a paisagem vestida de luz, as lembranças se me acendiam na alma, comprimindo-me o coração. As dores aumentavam, e por mais buscasse esquecer, não conseguia libertar-me da sensação de distância, debatendo-me mentalmente no desalento.

Compreendendo minha inquietação, a incansável irmã Liebe procurou tranquilizar-me:

– Dentro de alguns minutos estaremos com os companheiros do círculo fraterno. É necessário não esqueceres que os problemas afetivos produzem desequilíbrios psíquicos que prejudicam a estabilidade da alma. No momento, tens de reunir os melhores esforços no sentido de lograr êxito no processo de libertação.

"Estaremos com os amigos; no entanto, não lhes escutarás a voz, como antes. Sentir-lhes-ás os pensamentos e as orações, porquanto, dentro de uma hora, estarão reunidos no Culto da Boa-nova. Como te deves recordar, congregam-se hoje sob a responsabilidade da nossa Auta de Souza, para debate e estudo do programa assistencial aos seus cuidados. Estamos no primeiro domingo do Ano Novo...

Ah! Minha filha. A mente tem estranho poder. Ao enunciar Liebe o nome da nossa Auta de Souza, retornei como por milagre às nossas reuniões dominicais. A aflição que parecia seguir-me de perto, aguardando oportunidade, voltou a perturbar-me, fazendo-me arder o cérebro, ansioso por notícias novas.

Mesmo assim, procurei haurir forças no robustecimento da alma. A irmã Liebe sugeriu:

– Reunirei algumas flores deste verdejante outeiro e as levaremos aos nossos irmãos, como símbolo da pureza dos nossos sentimentos.

Acercou-se de plantas desprezadas e recolheu algumas de pequeninos botões perfumados.

Conduzida ao sono magnético para o transporte até o Centro das nossas orações coletivas, quando voltei a abrir os olhos, notei, surpresa, a presença de jovem Espírito que se aproximou sorrindo, qual amiga devotada e constante. Tentei recordar-lhe o vulto; antes, porém, de consegui-lo, ouvi-a dizer:

– Sou Auta de Souza, a pobre cigarra potiguar. Decepcionada? – inquiriu com meiguice e bom humor.

Não pude responder. A voz ficou estrangulada, e o pranto incessante – esse amigo dos que amam e sofrem – jorrou abundante. Senti-lhe a vibração de amor e ternura e, quando fui estreitada nos seus braços, tive a impressão de retornar ao seio materno. A emoção sacudia-me e tremor incontrolável dominava-me.

– Coragem, irmã querida – advertiu, bondosa, a cantora da caridade.

"Sua visita é aguardada com muita alegria. Tenho acompanhado o seu renascimento e estou informada das suas surpresas e dos progressos no novo caminho.

"Dentro de alguns minutos a reunião terá início. Estão se preparando para a oração de abertura. Eles nos sentem a presença e, por intuição, registam, pelos canais mediúnicos, o seu progresso na senda da liberdade."

Feito silêncio, notei que prateada chuva caía abundante, iluminando o recinto. Identifiquei, de imediato, o Cenáculo do nosso Templo. Revi os queridos irmãos de antes, olhos baixos, atitude respeitosa, buscando o concurso do Alto. Auta de Souza, ao lado do médium Marcos, inspirava-o fortemente.

A irmã Liebe murmurou:

– Estão orando; ajudemos. Unamo-nos num só pensamento ao Senhor Jesus, o Excelso Benfeitor.

Emoções desconhecidas e vibrações nunca antes experimentadas visitavam-me a alma, banhavam-na de paz. Suave melodia, entoada por vozes infantis, enchia o ar de harmoniosa vibração musical. Deixar-me-ia arrastar demoradamente nessa chuva de bênçãos, não fosse a interferência da irmã Liebe:

– Aproveitemos o momento. Os companheiros encarnados sabem-na presente.

Tive, então, nítida visão da sala. Nuvens claras pareciam flutuar no recinto.

Revi-te, então, filha minha, adornada de dor. Vislumbrei o companheiro de largos anos, em crescente emoção, e os irmãos de crença espírita, ao teu lado, sustentando-te na saudade. Ante o meu júbilo infinito, porque filho da felicidade de comprovar a vida estuante Além da morte, Auta de Souza informou-me, solícita, consolidando minhas esperanças:

– Fraternidade, bênção de Deus! Enquanto os homens marcham em busca do amor puro, ensinado pelo Mestre dos mestres, a fraternidade que os reúne ensina-lhes as edificantes lições do socorro e do bem.

"Fé, minha querida amiga – continuou –, significa conquista espiritual. Fé espírita representa conquista da alma nos domínios da evolução. A fé haurida no Espiritismo impõe a necessidade do conhecimento de si mesmo e oferece os instrumentos para que o homem realize o autodiscernimento, o autocontrole, o autoconhecimento, para, seguro, avançar resoluto pela senda evolutiva. Por isso, a fé espírita é consoladora.

"Recordemos que o primeiro nome do Espiritismo veio de Jesus Cristo: o Consolador. É a doutrina de Jesus, em Espírito e Verdade.

"Em razão disso mesmo, onde haja um Núcleo Espírita, haverá o bálsamo, o consolo. Sendo consolação é tudo: caridade, esclarecimento, força, diretriz, porque o consolo nasce não somente do pão, mas, sobretudo, do esclarecimento.

"Na multidão dos que sofrem indagando, o espírita é o único felicitado pela serenidade. Sua indagação é feita sem dor íntima, porque ele já tem a felicidade íntima. Indaga com alegria, porque sabe que ninguém foi criado para a tristeza."

Estava deslumbrada. Senti que, embora desencarnada, não estava esquecida. Notando os rostos tomados de confiança, encontrei neles, igualmente, as marcas indeléveis da saudade e da dor, amparadas pelas dádivas consoladoras da esperança vivida na fé. Não despertara das alegrias e irmã Liebe, prestimosa e atenta, sugeriu-me colocasse sobre a mesa a nossa oferenda de flores silvestres.

Amparada pelas duas benfeitoras, aproximei-me, vacilante, do móvel, onde tantas mãos repousavam no momento da comunhão com o Senhor, quando o nosso querido Marcos, colhido de surpresa, deparou-se comigo. Nossos olhares se cruzaram, rápidos, porém significativos.

Oh! minha filha, não poderei descrever-te o intenso prazer daquela hora. Aquele momento inesquecível marcou-me a jornada pelo reino novo da Vida imperecível.

Senti a emoção do médium, experimentando igualmente o mesmo estado. Depositei o improvisado *bouquet* sobre a toalha humilde, e, quando me voltei, ouvi da mãezinha espiritual do nosso movimento socorrista:

– A alegria é tônico da alma. Agradeçamos ao Celeste Doador esse momento, comprometendo-nos a servi-lo sem cansaço.

Amparada ainda, fui conduzida a uma cadeira, da qual acompanharia a breve reunião.

7
No Cenáculo

Lentamente a visão ia se dilatando, permitindo-me distinguir, através de tênue cortina prateada, os semblantes queridos dos entes inesquecíveis. Colorações suaves envolviam todos, vestindo nosso recinto de orações com as tintas miraculosas das grandes paisagens, somente possíveis na *Mansão do Reino.*

Deixava-me conduzir pelas delícias do momento. Até então, jamais supusera lobrigar encantamento igual. Ao cérebro tumultuado por tantos acontecimentos chegavam-me, oportunos, os ensinamentos da Doutrina Consoladora que na Terra fora um roteiro para a minha vida, nos últimos anos. Afigurava-se-me a verdadeira e única trilha para a felicidade, porquanto só essa Mensagem sublime explica ao viandante sem rumo a via certa da Imortalidade.

Quão poucas vezes me detivera a meditar na excelência da crença desposada! Iniciada no Romanismo, habituara-me a enxergar na Religião somente um campo para solicitações de toda ordem, à base de promessas materiais, perdendo-me, invariavelmente, nos meandros da revolta e da inquietação. Sem o conhecimento da vida espiritual, pouco afeita embora à confissão auricular, vivia ignorante dos problemas da alma. Com as primeiras luzes projetadas em meu cérebro pelo Espiritismo, esse farol abençoado, um mundo novo me apareceu, convidativo e maravilhoso, e que agora *de visu* podia constatar.

No entanto, enquanto encarnada, não supunha fosse o mundo do Espírito algo tão concreto – embora muito diverso do que, por concreto, nominamos na Terra –, qual aquele que me surgia a cada instante. Não lograda a felicidade de realizar cultura intelectual, não fosse a abnegação da irmã Liebe e de outros instrutores, eu não poderia sequer escrever-te estas páginas; dedicada mais ao trabalho, não pude penetrar devidamente nas lições preciosas de André Luiz, quando o lera, encarnada.[6]

Todavia, amparada pelo imenso desejo de acertar o passo com o Bem, guardei na mente, indagadora e ansiosa, anotações e fatos narrados por aquele trabalhador incansável, e que agora eram de grande e salutar utilidade.

Enquanto a meditação me visitava, alargando-me os horizontes da alma, a reunião dos companheiros, sob as bênçãos do Senhor e o carinho de Auta de Souza, ia-se alongando em marcha para o término.

A irmã Liebe, que me acompanhava o pensamento com bondoso sorriso, murmurou:

– Escutemos a mensagem da generosa Mentora.

Observei que a benfeitora mergulhava em profunda meditação. Luminosidade esverdeado-violácea envolvia-lhe o tórax e a cabeça, banhando de claridade o médium Marcos, em concentração.

Decorridos breves minutos, como se obedecesse a uma força de atração santificante, o Espírito do médium pareceu

[6] Refere-se a uma das obras mediúnicas ditada pelo Espírito André Luiz ao médium Francisco Cândico Xavier; edição da FEB (nota da Editora).

afastar-se um pouco do corpo que, imediatamente, passava a ser atendido pela instrutora desencarnada.

Não pude compreender o mecanismo delicado da incorporação mediúnica, apesar da palavra de auxílio da irmã Liebe que me veio em socorro.

Nesse momento, a comunicante contribuía com as instruções do dia, traçava o abençoado roteiro de trabalho e auxílio, em favor dos menos favorecidos pela fortuna.

Entre os formosos conceitos enunciados pela Entidade, falaram-me ao sentimento as expressões de oportuna advertência:

– Em nosso labor socorrista não permitamos que o convencionalismo, esse cruel carrasco da fé, penetre nos arraiais das realizações a que nos propomos. Ele sufoca o ideal e mata a iniciativa. Pela sua trilha seguem os excessos do preconceito da Terra. Contra esses excessos devemos brandir nossas armas, conservando a simplicidade no trato e espontaneidade na ação. Recordemos a simplicidade de Jesus e Sua realeza. Tenhamos em mente a grandeza do que o Cristo não fez, e não apenas daquilo que fez. Apesar dos recursos de que dispunha, viveu, no entanto, na condição de humílimo servidor.

"Recordemos, assim, o que estamos fazendo e o que estamos deixando de fazer. Recusemos o mal onde quer que se encontre, reduzindo-lhe a expressão numérica e a expansão territorial nos corações!"

Chegado o momento da oração final, enquanto a comunicante se dirigia ao Celeste Benfeitor, pétalas delicadas, coloridas de rósea luz, caíam perfumadas no recinto, impregnando a todos com o magnetismo da paz e do consolo.

Estava concluída a reunião. Todos se ergueram. Nós outros, desencarnados, demoramo-nos, entretanto, nas efusões do reencontro e da alegria, tecendo a coroa de júbilos.

As grandes emoções que me sacudiram a alma deixaram-me, de certo modo, sinais dolorosos, por não me encontrar totalmente liberta das impressões físicas.

A irmã Liebe, muito atenta, explicou-me, delicada:

– Não podemos esquecer que regressaste há pouco da esfera carnal, estando necessitada de repouso e medicação específica para o devido refazimento, bem como de adaptação à vida nova.

E com gentil sorriso, onde espelhava sua bondade, acentuou:

– Todos os que atravessamos o oceano físico sabemos quão difíceis são os primeiros tempos após o túmulo. A indumentária carnal que nos vestiu, por longos anos, permanece a envolver-nos, retendo-nos no labirinto cruel das lembranças e das sensações habituais.

E como se recordasse o seu próprio caso, após alguns momentos, prosseguiu, em tom grave:

– A reencarnação quase sempre é um mergulho nas águas escuras e perigosas do mar do esquecimento. A grande maioria das almas torna à carne como criminosos em exílio, para, no olvido, reconsiderar atitudes mesquinhas e infelizes, retificando pensamentos e aprendendo o respeito à vida, no contato com a dor. Ao chegarem à Pátria querida, recebendo-lhe a mensagem clara e, nos dias de retorno, angustiam-se e sofrem, à semelhança de pássaro cativo por longos anos que, tendo perdido o hábito de voar, prefere a gaiola estreita à amplidão dos espaços que o chama.

"Outros Espíritos retornam à vida planetária sedentos de liberdade e conquista e embaraçam-se nas dificuldades da recuperação, demorando-se, após a ruptura dos laços, entre aflições e agonias, por longos anos a fio.

"Somente aqueles que foram agraciados pelo crescimento no Bem, em labores incessantes, cruciados e perseguidos, tendo experimentado n'alma as farpas cruéis dos testemunhos por amor à Verdade, podem, à semelhança das rosas, vencer os espinhos que a precedem, e perfumar posteriormente o ar onde flutuam.

"Todavia, o Administrador Compassivo da Terra, sublime e generoso, ao distender-nos o seu Amor, confere-nos, em toda parte, a bênção dos recomeços, ajudando, incansável, no programa de libertação interior.

"Busquemos-Lhe, assim, a valiosa contribuição e, no momento, utilizando-nos das vibrações do ambiente, conduzamos a recém-chegada à nova esfera de trabalho, onde o dever nos aguarda."

Silenciando, deixava-me a sábia enfermeira preciosa advertência que não proferira e que, no entanto, era mais expressiva, pela sua significação.

A vida, minha filha, não é apenas uma sucessão de dor e alegria, lágrima e sorriso, rogo e agradecimento, em continuidade. É um patrimônio valioso ao nosso alcance, para utilização consciente em favor de nós mesmos.

Abraçando-me com desvelo, Auta de Souza e Liebe, cortaram-me o curso de meditação e, sem mais delongas, informaram:

– Preparemo-nos. É hora de partir.

8
Hospitalizada

Minha filha, é inadiável e urgente o trabalho de espiritualização. Essa valiosa tarefa deve começar o quanto antes, consoante o ensinamento do Senhor: "*enquanto estamos no caminho*", entre os homens.

As falsas concepções prendem-nos a sofrimentos que se prolongam indefinidamente, depois que o Espírito abandona o fardo carnal. É imperioso o trabalho de esclarecimento de almas, vencendo os apegos perigosos que dificultam a marcha ascensional e ensinando a todos que o fenômeno da morte é o mesmo fenômeno da vida. Disso decorre o conceito de que cada um *leva* a vida que *leva*.

O caráter da evolução espiritual faz-se positivo na razão direta em que o homem se desapega das coisas materiais, ensaiando os primeiros passos na senda da liberdade. Os pertences terrenos são apenas empréstimos de Deus para temporária permanência da alma no vaso carnal.

A Doutrina Espírita é uma fortuna ao alcance de todos os ambiciosos dos tesouros eternos, mas que raramente é aproveitada. Quando precisamos de orientação, nela encontramos setas luminosas que indicam, como bússolas eternas, o caminho da nossa evolução. Muitos, entretanto, imprevidentes e insensatos, demoram-se na Doutrina Espírita, atrás da miragem do fenômeno como objeto essencial. Todavia, o fenômeno é apenas simples moldura na grande tela da realidade, sendo secundário. Fundamental é o fenômeno da nossa transformação, vivendo a Mensagem rediviva do Senhor, em todos os dias da existência.

Exercitar o Espírito na simplicidade é imperioso.

Transferir para outras mãos aquilo que está coagulado em nossas mãos é oferecer a outros o que está guardado por nós, sem imediata utilização; fomentar a distribuição de utilidades entre os que nada têm, dando vitalidade aos objetos mortos nos armários e gavetas do nosso lar representa o culto da simplicidade e da libertação. Por esse motivo, a Doutrina Espírita é também chamada de libertação, porque, consolando, torna livre o ser, ajudando-o a fazer a maior transformação: a interior, a que o liberta de si mesmo.

Quando nos apegamos às coisas e às criaturas, fazemos uma despesa de energia que debilita os recursos de crescimento espiritual, mediante a concentração mental no que constitui o motivo central do nosso querer. Enquanto a lição mais fácil e mais bela da simplicidade é o desapego, a loucura mais profunda que se pode ter na Terra é a paixão à carne, que vai desaparecer, quando poderia essa concentração de afeto ser dirigida à alma que se eterniza.

Todos quantos se ligam mentalmente à vida física, pela fixação mental, se intoxicam espiritualmente, permanecendo presos aos centros em que concentraram suas energias vitais.

Cabe-nos, diariamente, o aprendizado da lição de Evangelho no que concerne ao serviço de generalização do desapego, deixando de atender às nossas necessidades para atender às necessidades alheias que, em última análise, são as nossas próprias necessidades.

Somos, portanto, obrigados a renovar para persistirmos na vida. Vida é renovação no seu sentido mais amplo.

Não foi por outra razão que o Sublime Pregador Itinerante da Galileia nos ensinou, recordando o Decálogo, a "*amar o Pai sobre todas as coisas e o próximo como a nós mesmos*", generalizando a dedicação entre as criaturas, sem a preferência perniciosa do individualismo, sem a escolha pelos laços de sangue e família.

Ao enunciado da partida, não pude dominar a inquietação, e, embora não falasse, as lágrimas voltaram-me pressurosas aos olhos. Súbito temor visitou-me o Espírito, fruto, certamente, da má-educação mental sobre o problema da *morte*, que deve ser motivo de discussão, estudo e exame com mais frequência na família. Só assim se pode preparar o Espírito para a adaptação natural e rápida no clima do Além-túmulo.

Percebendo-me a emoção, a irmã Liebe concitou-me com enérgica, porém, bondosa voz, ao sono magnético.

Não tenho ideia de como fui conduzida do nosso Cenáculo ao leito tépido e acolhedor no qual despertei. Eloquente silêncio falava na ampla enfermaria que vento brando cobria de agradável perfume de jasmim.

Alonguei o olhar e verifiquei não ser a única albergada no caridoso recinto. Outros Espíritos, com os sinais de desencarnação recente, repousavam em doce quietude, em número não superior a dez.

Recordando as enfermarias das antigas Casas de Misericórdia, iniciadas por Isabel de Aragão, esta apresentava impecável limpeza, e suas amplas janelas, rasgadas nas paredes alvas, ornavam-se de rosas coloridas e aromáticas.

Não sabia como agradecer a dádiva sublime que Jesus me concedia, imerecidamente, quando pequeno rumor de vozes próximas me mudou o roteiro das observações.

Eram a irmã Liebe e outra senhora, de sorriso acolhedor, cujo rosto, de fulgurante bondade, logo me fascinou o coração. Não pude enunciar uma só palavra. Sentia uma sensação de profunda anemia e cansaço.

Foi, como das outras vezes, a mentora querida quem me apresentou à veneranda senhora.

– Esta é a nossa Zélia – esclareceu, prestimosa – a dedicada orientadora do núcleo de recuperação em que nos encontramos.

Estendendo-me a mão delicada, a anfitriã informou com simplicidade, sem afetação:

– Esta enfermaria faz parte do conjunto hospitalar da Colônia Redenção, que a bondade do Mestre nos confiou para o trabalho dignificante e renovador. É uma estância de auxílio fraterno, onde companheiros egressos da carne podem repousar, traçando planos novos de serviço para os dias do futuro. Em verdade, nossa Colônia é uma das inúmeras células ligadas ao *Nosso Lar* por serviços de socorro aos irmãos na carne, em cujo teto temos a felicidade de aprender para tentar servir melhor.

E depois de um sorriso:

– Sou apenas encarregada desta ala hospitalar.

Vibrações da mais pura cordialidade partiam da Senhora Zélia, cuja dignidade e simplicidade me tocavam profundamente como auspiciosa promessa.

Desejei expressar-lhe o contentamento e a gratidão que me povoavam o Espírito, mas, antes que o fizesse, a irmã Liebe, como se lesse o meu pensamento, apressou-se em explicar:

– Como sabes, Otília, deveres outros na Crosta me aguardam. Não poderei demorar mais longamente ao teu lado. A dedicada Zélia cuidará de prover, com o seu grande zelo e eficiência, as tuas necessidades de agora em diante. Não te faltarão o amor e a bondade dos lidadores deste santuário de trabalho; todavia, não esqueças, em hora alguma, de vigiar a mente saudosa, deixando que o tempo, dedicado e infatigável amigo, resolva os inúmeros problemas que a ansiedade te colocará no cérebro, inquietando-te.

As lágrimas voltaram-me estonteantes.

A irmã Liebe, com a sua juventude dedicada ao Mestre coroado de espinhos, representava a minha segurança e serenidade. Dispunha-me a rogar-lhe não me abandonasse, quando, igualmente emocionada, penetrando em meu íntimo com o seu dúlcido e calmo olhar, obtemperou, confortadora:

– Minha irmã; Jesus e só Ele é o nosso porto, nosso barco, nossa segurança. Recorda dos Seus ensinos: "*Todo aquele que crê em Mim já passou da morte para a vida*". Confia e espera.

"Por enquanto não podemos permanecer juntas, contudo, não estaremos distantes. Ligadas ao mesmo Chefe, somos soldados da grande legião do Amor, na Seara bendita, sob as suas caridosas visitas. Estaremos unidas quanto nos permitam as possibilidades de serviço e ser-lhe-ei correio fraternal, levando, igualmente, suas notícias e lembranças aos amigos que continuam na luta física."

Não poderia esperar maior doação.

Osculando-me a fronte, a querida benfeitora despediu-se e, como um raio de luz em busca do grande Sol, após despedir-se da Senhora Zélia, perdeu-se na glória do dever mais além.

A guardiã da Casa, enxugando-me as lágrimas, falou atenciosa:

– Também eu, ao chegar à vida espiritual, experimentei essas dores e emoções. Todavia, com as alegrias do trabalho, o tempo me enxugou o pranto e o futuro me falou, lentamente, da necessidade de recuperar os dias perdidos. Igualmente vivi entre crianças, na vida física, trabalhando numa Agremiação Kardecista, no Rio de Janeiro. Temos, em nossas vidas, muitos pontos de contato.

"No momento, não nos poderemos demorar em recordações que seriam mais prejudiciais que benéficas."

E, sorridente, acrescentou:

– O amor, quando descontrolado, é mais perigoso do que pode parecer. Por isso mesmo, busca o repouso, a fim de que o mais breve possível recuperes as energias gastas no processo desencarnatório.

"Amanhã o nosso médico virá cuidar da sua organização perispiritual."

Deixando-me mergulhada em profunda lucubração, despediu-se com carinhoso sorriso.

9

RESIDENTE NA *COLÔNIA REDENÇÃO*

Algo repousada, entreguei-me à multidão de pensamentos que estavam represados em minha mente. Desde o momento da desencarnação, o receio e a dor me visitavam com habitual frequência. Encontrava-me quase feliz, se bem que as impressões físicas não me houvessem abandonado e eu conservasse ainda as sensações que me eram comuns na roupagem material.

Verificava, admirada, que o milagre com que eu tanto sonhara era impossível quimera. A desencarnação não transformava os caracteres do ser. Não havia a mudança repentina do homem em anjo, nem a metamorfose da carne bruta em falena luminescente dos jardins do Céu.

A vida, podia agora comprovar, sofrera modificações, não perceptíveis imediatamente. Sob o meu corpo, que conservava sinais arroxeados, estava o leito, em tudo semelhante aos que conhecera antes. Aos meus olhos, perscrutadores, na sala bem cuidada e em suas amplas janelas, as rosas, vestidas de um crepúsculo dourado, tornavam-se mais rubras. E em mim mesma continuava a assinalar, além das emoções e estados espirituais como a angústia e o anseio, o desfalecimento e o fervor, a impressão da fome, da sede e de outros fenômenos fisiológicos.

Mobilizando as ideias e as débeis energias, tentei organizar o meu panorama mental, de molde a fortalecer o Espírito para a luta que se iniciava.

Em toda parte descobria a vida palpitante. Sem a *febricidade* típica das cidades modernas, o recinto guardava aspecto de atividade disciplinada.

Procurando concentrar-me, foi-me possível recordar alguns fatos esparsos, e, à lembrança dos meus últimos dias não me pude furtar, mais uma vez, à realidade do momento: aquilo era a *morte*. Não a morte caricaturada no símbolo da foice, mas a realidade de mensageira incansável no trabalho de despertar.

Voltei, mentalmente, como me acontecera no túmulo, à infância. No momento, recordava o passado, por processo espontâneo, e quedei-me aparvalhada no exame de milhares de atitudes de toda uma existência. Verifiquei, surpresa, com melhor precisão agora, os chamamentos do Céu, dirigidos ao meu coração, por meio de pequeninas vozes e de acontecimentos aparentemente insignificantes.

Do berço ao túmulo caminhamos tutelados pelo Senhor, sob a assistência de abnegados amigos desencarnados que não desfalecem nos seus deveres de nos guiar no roteiro nobilitante. Aqui é a inspiração alargando os horizontes para a nossa alma, fazendo-nos mergulhar na senda de indagações fascinantes, erguendo véus, aclarando conflitos, decifrando problemas, oferecendo diretrizes. Ali é a Natureza vestida de luz: córregos, rios e mares, flores e pássaros, árvores vetustas e pequenos vegetais, animais e insetos que enxameiam em todo lugar, nascentes e crepúsculos, sol e chuva, minerais de diversos valores que as ambições humanas, filhas do egoísmo e do orgulho, convencionaram em preciosos e vulgares, acendendo o fogo da posse, no qual tantos se afadigam e lutam. Mais longe é a dor – mensageira da verdade, benfeitora anônima e incompreendida –, voz do sofrimento convidando à continência e ao equilíbrio, advertindo-nos quanto ao desgaste da preciosa máquina física; a dor-moral chama à meditação e ao exame das ações; a dor-espiritual, em ausências, frustrações emocionais, agonias e solidões d'alma, falando intuitivamente sobre o mau uso da liberdade, aprisionando a mente em evocações dolorosas que, embora não se delineando de todo na tela da memória, marcam os sentimentos com os sinais da angústia; a dor-saudade e tantas dores... Convidativas e perseverantes, gritando-nos, advertindo-nos.

Ontem era o carinho materno, falando-me das coisas simples e belas do Céu e de Deus, ensinando-me a orar, insistindo no respeito à Lei, no longo curso dos deveres. As dificuldades domésticas de vária ordem, como mensagens-chamamento que teimei em não escutar.

Posteriormente, o raciocínio a desabrochar, a cultura em crescimento, os livros, tudo, e a religião falando pela boca dos ministros diversos, nas várias escolas de fé.

Por fim, o amadurecimento conduzindo-me ao Grande Senhor, aos deveres que temos para com Ele, enquanto eu não me achava disposta a estudar e servir.

De mil maneiras, segue-nos e chama-nos o Senhor.

Quando jovens, apegamo-nos às delícias do jardim dos prazeres e, buscando as flores da ilusão, gastamos impensadamente energias valiosas, no jogo das emoções.

Quando velhos, prematuramente, desperdiçamos as últimas forças na travessia tormentosa do mar da revolta, sob raios de imprecações e trovões de desesperos injustificáveis, destruindo o vaso físico de dentro para fora.

No trabalho educativo, dá-nos o Divino Governador um celeiro para manutenção da vida e azeite para a lâmpada da fé. Imediatistas, porém, prostituímos o dever e anarquizamos o instituto do trabalho, justificando-nos com a falsa necessidade de atender às exigências da carne e, desajustados no cumprimento das obrigações, constituímo-nos em falange de ociosos e aproveitadores, para despertarmos, tardiamente, nos braços do desequilíbrio, enxugando copiosas lágrimas.

Oh! filha minha, como nos chama a voz do Amorável Rabi!

Tudo isto eu repassava na tela mental, jornadeando pelas sendas percorridas, atravessando os caminhos da memória, miraculosamente lúcida. Não podia furtar-me à emoção, filha do arrependimento, sem revolta nem reclamação, desde que eu mesma era culpada, reconhecia-o agora.

Mergulhada na recordação, meditando seriamente, talvez pela primeira vez, não me apercebera da presença da benfeitora Zélia, que se acercara do meu leito.

Compreendendo-me o estado espiritual, chamou-me serenamente a atenção:

– É necessário não esquecer, minha irmã, que o arrependimento é um grande colaborador da nossa paz íntima, mas somente quando nos enseja o trabalho que nos opere a renovação. Abater-se ao fardo do que "*está feito*", é desperdiçar a oportunidade feliz de ressarcimento. Guarda as lágrimas e busca ressurgir intimamente do "*túmulo das coisas mortas*".

E com um olhar que demonstrava conhecimento pessoal sobre o assunto, pela experiência própria, aduziu, com segurança:

– Todos temos, no tempo, labores a reparar e estradas interrompidas na marcha evolutiva, a vencer. O tempo, esse mesmo silencioso e confiante amigo, esponja que tudo apaga, ensina-nos a não correr, pelo perigo que sofreremos de cansar e parar, e também nos elucida quanto ao estacionamento pelas probabilidades que apresenta de criarmos raízes... Viandante incansável, ele representa nossas melhores e mais caras esperanças. Para nossos Espíritos endividados, o tempo, ligado ao trabalho, é tesouro que não podemos desdenhar, e, além deles, a oração, esse tônico de reconforto e encorajamento, é um arrimo que não sabemos valorizar.

"Com o tempo, temos a oportunidade.

"Com o trabalho, conseguimos o aproveitamento da oportunidade.

"E, com a oração, santificamos a ocasião e a ação."

Com um sorriso calmo, prosseguiu ela:

– Quem se dispõe à ventura da recuperação, busca oportunidade de serviço e, enquanto procura, ora.

"Portanto, não tenhas pressa."

Estava perplexa com a lógica dos seus argumentos, simples, mas profundos, onde eu encontrava campo para novas meditações.

Depois de uma pausa, que se fez natural, continuou com espontaneidade, dissertando, amável, noutro rumo da conversação:

– Nossa Colônia encontra-se próxima à Terra, sofrendo, consequentemente, as mesmas condições do planeta a que se encontra ligada. Irmanados ao destino do Brasil, nossos instrutores trabalham infatigavelmente, há mais de 250 anos, cooperando com as falanges de Ismael na construção da Pátria do Cruzeiro. Fundada por abnegado missionário da caridade, destinava-se, inicialmente, a socorrer escravos desencarnados ao peso de provações e expiações amaríssimas.

Recolhendo os mais rebeldes, sedentos de vingança, auxiliava-os com esclarecimentos necessários, reconduzindo-os ao Orbe para novas e redentoras lutas.

"Incipiente a princípio, foi crescendo com o concurso dos anos, aumentando suas possibilidades de socorro, em vista da cooperação de Espíritos abnegados que passaram a contribuir para o seu desenvolvimento. Atravessou ásperos períodos, consoante consta nos arquivos que guardam sua história.

"Reiteradas vezes, as hostes do mal investiram furiosas e organizadas, sob o comando de cruéis magotes de chefes bárbaros, cuja memória na face da Terra se encontra, até hoje, envolta nos mais hediondos crimes. Os pioneiros da obra iniciada, entretanto, não desanimaram, uma vez sequer.

"Feridos na cruzada do amor, reorganizavam-se sempre, e, à medida que a região inóspita se povoava de vibrações edificantes, reservas de forças chegavam de toda parte, em nome do Senhor Supremo, restabelecendo o ânimo e vitalizando o trabalho.

Acompanhava a descrição da senhora Zélia com emoção e curiosidade crescentes. Aproveitando-lhe a pausa, indaguei:

– E as lutas tinham o aspecto das que se observam no planeta?

– Evidentemente – retrucou a esclarecida narradora. É imprescindível não esquecer que nos encontramos muito próximos da Crosta terrestre, envoltos em vibrações igualmente materiais, cuja diferença estrutural é facilmente compreensível.

"Essas entidades ligadas ao mal – continuou – organizam-se em bandos perigosos, sob a direção de mentes cruéis, dificultando a obra de evangelização do mundo. As guerras, os crimes e muitos desastres que se verificam na Terra estão ligados, de certo modo, a esses agrupamentos de gênios satânicos, que se demoram comprazendo no mal e, inconscientemente, funcionam como o necessário *escândalo*."

E dando curso à narrativa histórica da Colônia, prosseguiu:

– O próprio Ismael visitou, por duas vezes, a Governadoria, contribuindo com valiosos esclarecimentos e oferecendo preciosos recursos de auxílio ao programa socorrista a que se liga.

"Tempos depois, quando no Brasil as ideias abolicionistas fermentavam em vários corações e mentes, almas aqui atendidas, durante anos, retornaram à forma física na posição de escravocratas benignos que, ao lado dos libertadores, concederam, sem mais delongas, liberdade aos opressos, antes do inolvidável dia em que a Princesa transformou em Lei memorável a abolição da escravatura nas terras de Santa Cruz.

"Com isso a Colônia granjeou o devotamento de novos e abnegados trabalhadores que se ofereceram a cooperar com o seu celeiro, o que resultou em crescimento e amplitude de serviços.

"Atualmente, operando na Crosta com um grande número de servidores do Bem, conta com alguns milhares de pupilos reencarnados, que continuam mantendo ligações mentais conosco, situados em serviços de recuperação e assistência a sofredores no plano físico. E, graças ao Espiritismo, na sua feição cristã, o número de candidatos ao serviço fraternal de socorro aumenta de maneira consoladora, apesar das quedas lastimáveis de quantos baqueiam nas relevantes tarefas a que se propuseram."

A narradora, depois de breve silêncio, acrescentou:

– A esta hora, diariamente, ligamo-nos em oração com o Templo de comunhão.

Ante a notícia das preces em conjunto, no recinto reservado a esse mister, indaguei, ansiosa:

– Poderia participar da prece em conjunto, rumando igualmente ao local onde os demais se encontram?

– Não – respondeu-me. Ligar-nos-emos daqui mesmo, porquanto o pensamento rompe todas as fronteiras. Ainda necessitas de guardar o leito por algum tempo, para adaptar-te com segurança à vida nova.

"Guarda-te em meditação – tranquilizou-me com expressão de entendimento fraternal –, enquanto visito e preparo nossos demais irmãos de enfermaria."

10
Oração na Colônia

O Sol ainda não se ocultara de todo. Raios dourados brincavam nos ramos das roseiras que oscilavam lentamente sacudidas por suave brisa.

Grande transparência na atmosfera deixava desnudo um céu profundo e calmo, banhado de azul sereno, convidando à meditação e ao silêncio.

Como se flutuassem no ar, notas melodiosas de um mavioso órgão invadiram lenta e suavemente o recinto em que me encontrava. Os acordes harmoniosos tocavam-me sensivelmente o coração e, sem que pudesse explicar, surpreendi-me tomada por silencioso e confortador pranto. Traduziam essas lágrimas aquele estado d'alma, misto de felicidade e recordação, que não se pode ou não se sabe bem definir.

As notas subiam e desciam em conjunto melodioso, pareciam falar às nossas almas saudosas e angustiadas, confortando-as miraculosamente.

Nesse momento, a benfeitora Zélia deu entrada em nosso reduto acolhedor e, aproximando-se de uma mesa, no fim da sala, acercou-se de um aparelho semelhante aos receptores de televisão da Terra e o ligou, com movimento rápido. Surgiu-nos, então, à visão deslumbrada, amplo recinto, em forma semicircular, com aproximadamente mil pessoas, sentadas, em atitude de profunda concentração.

Num estrado, ao fundo, singela tribuna, à feição dos púlpitos das igrejas reformadas, destacava-se, cercada por duas filas de poltronas, igualmente ocupadas.

Festões de rosas desciam delicadamente enrolados nas colunas que cercavam o encantador auditório, no cenário da noite em crepe transparente, ornado das cascatas de luz poente.

Verdejante relva se derramava além das alvas colunas que pareciam construídas do mais fino mármore, a apontar o céu estrelado.

Jovem seráfica, sentada a grande órgão, continuava a dedilhar o teclado alvo, sensivelmente emocionada. Todos pareciam participar da mesma emoção, porquanto, de olhos fechados, deixavam transparecer, na face, a comunhão fraterna que se irradiava, misturando-se harmoniosamente.

– Eis o nosso santuário de orações – informou a enfermeira Zélia, aproximando-se de mim.

– A pulcra jovem organista – prosseguiu, jovialmente – é Susana, que na Terra se dedicou à música de Bach, Wagner e Haëndel. No momento, prepara-nos o ambiente com o trecho da peça *Xerxes* de Haëndel, denominado *Largo*.

Tomada pelos acordes vibrantes, parecia recuar no tempo e evocava a melodia que tantas vezes escutara quando encarnada. Tinha a impressão de que a música, naquele momento, possuía uma linguagem mais compreensível, saturando de emoções superiores a minha alma.

Envoltos nas vibrações do instrumento magnificamente conduzido, ouvimos as últimas notas perderem-se no ar. A jovem, entretanto, parecia vestida de suave e bela luminosidade. O rosto pálido coloriu-se de rubor expressivo e as lágrimas brilhavam nos seus grandes olhos negros.

Pretendia indagar à bondosa mentora a respeito da jovem, solicitando mais algumas informações, quando esta me socorreu, esclarecendo, compreensiva:

– Susana foi uma dessas heroínas anônimas que muito amou sem fruir ventura da retribuição. Entregou-se, por isso mesmo, à música, qual musa da arte, enquanto a tuberculose pulmonar lhe consumia a fragilidade orgânica. Chegou à nossa Colônia na condição de vitoriosa, e aqui, desde há alguns anos, coopera no ministério da oração, ajudando com acendrado devotamento os afeiçoados que continuam na retaguarda.

Silenciando a voz pausada, observei que venerando ancião se ergueu de uma das filas laterais assomando à tribuna sob a mais viva satisfação de todos os presentes.

– É o orientador Célsius, abnegado instrutor de nossa Colônia – elucidou a amiga espiritual.

E após alguns momentos:

– É portador de grande soma de bênçãos em nossa Casa de carinho, que muito lhe deve ao labor abnegado e incansável. Trabalha neste Hospital-Escola há mais de um século, segundo estou informada, com credenciais de demandar outra esfera de realização. Todavia, jamais utilizou o patrimônio que lhe exorna o Espírito abençoado para qualquer benefício pessoal... As tarefas mais difíceis têm-lhe a preferência, atestando o seu alto coeficiente de renúncia e caridade.

"Regiões dolorosas de reparações punitivas – prosseguiu a lúcida matrona –, núcleos infernais de purificação, recebem-lhe, invariável e constantemente, o concurso valioso e, nas enfermarias reservadas aos loucos e possessos, sua figura é um convite honroso aos companheiros socorristas no sagrado ministério de ajudar."

O ar balsâmico do anoitecer caía ameno. De nosso leito, participávamos do culto que ora se iniciava.

O orientador Célsius, imóvel na tribuna, recebia no rosto aureolado a carícia do fugitivo dia. Ergueu os olhos e, ao baixá-los, fitou com imenso carinho a multidão atenta, falando com voz clara e pausada:

– Irmãos em Jesus. Paz seja conosco.

"Infatigáveis companheiros nossos encontram-se no momento nas frentes de luta das regiões purgadoras, combatendo, denodados, a serviço do Bem sem-fim.

"Enfrentam dificuldades indescritíveis sob temporais de revoltas e ódios, cooperam com Jesus nas ásperas jornadas de soerguimento das almas fracassadas e no despertamento de consciências entenebrecidas há muito tempo...

"Constituem os braços da legião dos 'servidores da Cruz', em nobilitante esforço salvacionista.

"Também temos hoje ao nosso lado antigos companheiros que retornam sem luz, nem pão, nem esperança. Alguns conservam ainda as fundas feridas das refregas em que foram batidos; outros guardam as impressões violentas das tormentas que os açoitaram e em cujo vendaval foram levados até ao crime, pela inobservância dos deveres morais. Quase todos se apresentam desencantados, aturdidos, sem forças... Retornam ao Lar como náufragos desesperados que aportam em acolhedora ilha, sem que, entretanto, possam repousar, tais as impressões que conservam no íntimo, daqueles tormentosos dias e noites de ansiedade e loucura ao sabor das águas revoltas...

"São corações desesperados que nos pedem os melhores esforços, conclamam-nos, na sua desdita, à vigilância e aguardando o concurso do nosso trabalho assistencial para o redespertamento de consciências enegrecidas pelo erro e intoxicadas pelo ópio dos prazeres absorventes."

O narrador silenciou por momentos, para prosseguir com outro timbre de voz, modulado em vibrações de muita ternura:

– Quantas vezes não tivemos igualmente batido a outras portas, apresentando os mesmos desequilíbrios? Quantos não conservamos, até este momento, úlceras ou cicatrizes que nos recordam loucuras idênticas? Quantos não carregamos reminiscências amargas e apreensões justas em relação a afeiçoados enceguecidos nas disputas da posse, nos resvaladouros da ingratidão e da *morte*? Quanto temos de fazer, por nós mesmos, para esquecer por superação, vencer pela renúncia total, crescer pela senda do sacrifício, a fim de conquistarmos os tesouros da paz e da imortalidade? São quesitos que não podem ficar esquecidos em nossa agenda, para meditação.

Senti que, embora suas palavras não tivessem o tom amargo de acusação nem denotassem lamento, falavam verdades que me atingiam vivamente. Quantas oportunidades deixara escapar, quando mergulhada na carne? Como estaria minha filha, no lar, que me era tão querido? Que me reservaria o futuro nos ensejos de novas lutas?

Não pude alongar-me nas divagações mentais. A voz do tribuno inspirado voltava à oração cativante:

– Somos devedores compulsórios da Misericórdia Divina – continuava, calmo – que jamais nos abandonou. Por essa razão, não podemos permanecer indiferentes à vasta cópia de dores que assalta outros corações, atingindo, assim, nossa alma.

"O Senhor Jesus Cristo deu-nos o exemplo, pelos longos testemunhos no campo do auxílio infatigável, na temporada vivida conosco, no mundo. E até agora, sem cansaço nem esmorecimento, prossegue o Trabalhador incessante, construindo para nós e por nós.

"Conservemos em mente que a felicidade somente é possível quando conseguimos arrancar os tentáculos do egoísmo e do imediatismo, esses vitoriosos adversários de nossa gloriosa destinação. E para tal desiderato, a Caridade é o único meio de retirar as ventosas desse algoz titânico que nos suga as energias, debilitando-nos o ânimo. Perseveremos no concurso aos semelhantes e abriremos clareiras na mata de nossa ambição, permitindo, assim, que a *Luz de cima* oscule as baixadas do nosso ser."

Fez-se, novamente, uma breve pausa. Em todos os olhares brilhava o desejo de servir. Fitando o orador nimbado de diamantina claridade, o auditório conservava-se em expectativa silenciosa.

Erguendo novamente a voz, muito branda, quase além de um murmúrio, continuou o intérprete da Palavra Evangélica:

– Eis que temos por bem-aventurados os que sofrerem...

"(...) E a oração da fé salvará o doente, e o Senhor o levantará; e, se houver cometido pecados, ser-lhe-ão perdoados". Assim nos fala o apóstolo Tiago, na sua Epístola universal, no capítulo cinco, versículo onze e quinze, e concitando-nos ao culto da dor e da prece, principalmente quando, doentes e pecadores, estivermos juntos, buscando o Senhor."

O órgão cantou dolente, sob as mãos leves de Susana.

Alçando os braços em atitude de súplica sem afetação, e então, o respeitável ancião, então, orou:

"Jesus, Celeiro da esperança, socorre-nos.

Sentinela luminosa de nossa noite, clareia-nos.

Alonga os Teus ouvidos e ouve-nos a súplica.

Em nossa luta de toda hora, em Ti confiamos.

Nas regiões de sofrimento-lição, ajuda-nos.

No abismo da ignorância milenar, abre-nos o manancial da Tua sabedoria.

Em nossa condição de delinquentes, favorece-nos, outra vez, com a graça de nova oportunidade.

Carregados de aflições e dores, consola-nos.

E além de nós, Jardineiro das almas, favorece-nos, com a misericórdia da Tua permissão, para levar adiante, embora não nos encontremos aptos:

Teu nome aos recintos de horror;
tua paz aos penhascos da revolta;
teu amor aos vales do ódio;
tua luz aos abismos da treva;
teu perdão às charnecas escuras da vingança; e
tua esperança aos tortuosos rios do desalento.

Suplicamos, igualmente, pelos nautas vencidos nas viagens laboriosas e difíceis do mundo das tentações e que retornam a estas praias desarvorados e tristes.

Por quantos seguiram animados e retornam presos aos cipós intrincados das redes perigosas da invigilância e, principalmente, por aqueles que:

Ferem e sorriem em plena loucura;
perseguem e dormem em total ignorância;
malsinam e gozam em completo abandono de si mesmos.

Eles constituem "motivo de escândalo", não Te conhecem, e são, em consequência, os mais infelizes...

(...) Por nós que Te conhecemos e preferimos a treva à luz, a ventura enganosa e passageira à renúncia redentora.

Senhor, tem piedade de nós!"

Silenciou o abnegado mensageiro da Luz. Gotas de evanescente claridade caíam sobre os assistentes. O órgão continuava a entoar as excelências harmoniosas do Céu.

A irmã Zélia acarinhou-me a cabeça. Todos chorávamos.

A reunião terminava.

Estrelas miúdas brilhavam no céu azul-escuro, muito longe.

O aparelho foi desligado, mas, com o silêncio decorrente, a meditação falava alto em nossas almas.

11
O doutor Cléofas

Na manhã seguinte, após a frugal refeição, a bondosa Zélia apareceu acompanhada, irradiando a jovialidade que lhe era habitual.

– Este é o nosso doutor Cléofas – falou, apresentando o simpático visitante –, que cuidará de suavizar as impressões físicas que guardas no perispírito, desde o momento da desencarnação.

Realmente, ainda não haviam cessado as sensações dolorosas que me seguiam continuamente. Embora os cuidados e a assistência moral de que me via objeto, sentia as contrações dolorosas que me visitavam com frequência, o cansaço e a dificuldade respiratória. Sustentavam-me a fé e a esperança que desbordavam em meu Espírito, mediante o consolo haurido na oração, mas as dores permaneciam.

O médico, trazendo aos lábios sorriso afável, fitou-me, compreensivo, sentando-se ao meu lado, junto ao alvo leito.

O Dr. Cléofas, soube-o mais tarde, fora dedicado cardiologista, desencarnado havia uma vintena de anos, na capital de São Paulo. Chegara à Colônia, como portador de vários títulos de auxílio e humildade. Católico praticante, a princípio, encontrara nos enfermos o abençoado campo de serviço e aprendizagem. Coração sensível, alma evoluída, não se limitava ao estreito círculo das formas. Cultor de privilegiada inteligência, defrontou-se com problemas fisiológicos inexplicáveis pelos métodos da experimentação científica, então vigentes, resolvendo-os à base do amor, em intermináveis testemunhos de abnegação. Pesquisador honesto e sedento de conhecimentos novos, ouviu notícias do Espiritismo, através de jovem médium, de apreciável faculdade, buscando conhecê-lo, ávido como sempre esteve, de respostas às inquirições que o atormentavam.

Com vasta clientela, reuniu, com a sucessão do tempo, apontamentos valiosos de observação e, fascinado pelos esclarecimentos fornecidos pelos Espíritos, embrenhou-se pelas investigações metapsíquicas, vindo a conhecer a Doutrina de Allan Kardec, manuseando *O Livro dos Espíritos*. Tão fascinado ficou com a leitura desse magnífico compêndio de Filosofia transcendental que, em breve, consorciou-se com o pensamento Kardequiano.

Estudando as faculdades positivas do sensitivo, penetrou no umbral do Além-túmulo, em memoráveis sessões de estudo e pesquisa. Voz direta, transporte, levitação, impressões em chapas fotográficas, desdobramento, psicofonia, psicografia, xenoglossia e tantos outros fenômenos contribuíram para levá-lo às questões fundamentais da vida imperecível.

Naquela época, reuniram-se homens de nomeada, conhecidos pelos valores morais e intelectuais, selecionados, exercendo rigoroso controle nas operações medianímicas, terminando por atestar a veracidade dos fenômenos experimentais sob a interferência de forças extrafísicas, publicando-se relatos dos trabalhos em opúsculos que marcaram tempo. Todavia, passada a movimentação ruidosa das primeiras emoções, poucos se dedicaram à continuação dos experimentos mediúnicos. Entretanto, o raio de luz que rasgou a cortina das formalidades, abrindo o campo da vida nova ao Dr. Cléofas, fecundou a semente do Evangelho que dormitava no ádito do seu coração. Mergulhando as antenas psíquicas na fonte do conhecimento bibliográfico, fez das diretrizes da Boa-nova seguro roteiro para si mesmo, alargando as possibilidades de serviço. Desencarnou, com a idade de 58 anos, aproximadamente, carregando consigo valiosos recursos espirituais.

De olhar bondoso, o esculápio amigo, com expressão paternal, convidou-me a cuidadoso exame. Utilizando-se do estetoscópio, à semelhança dos médicos terrenos, começou a perscrutar, atento, deixando transparecer na face os sinais de preocupação e zelo.

Após alguns minutos, diagnosticava, com um leve sorriso:

– A irmã Otília chegou à vida espiritual sob a agonia da *angor pectoris*. São ainda evidentes os sinais da dor constritiva nas artérias coronárias dilaceradas pelas contrações anginoides.

Devo confessar que até o momento de ouvir o médico referir-se à minha *causa mortis*, eu a desconhecia totalmente. Suspeitava ter desencarnado de moléstia do coração, sem que, contudo, pudesse saber qual a enfermidade.

Aproveitando a pausa espontânea, esclareci, surpresa:

– Benfeitor amigo, desejava informar que às vésperas da minha desencarnação consultei jovem médico, ao lado do meu companheiro que se encontrava enfermo, sendo tranquilizada pela ótima disposição física. Após acurado exame, assegurou-me o doutor que eu era *portadora de um coração de ferro*. Como explicar a minha desencarnação por enfermidade do coração?

Sorriso largo espraiou-se no rosto do interlocutor, que acrescentou bem-humorado:

– Todavia, está comprovada a fragilidade do seu coração... Embora a informação do seu clínico, a bomba cardíaca não resistiu ao embate e, cansada, deixou de lutar...

Prosseguindo, considerou:

– Não discutiremos aqui a informação do colega terreno, mas é inegável que o seu processo desencarnatório vinha sendo elaborado na máquina física, apesar da violência final, há mais tempo do que você possa imaginar. O aparelho respiratório deveria estar apresentando sinais de cansaço e deficiência há alguns meses; desde que o tônus vital que a animava, calculado cuidadosamente antes da reencarnação, se encontrava esgotado, por motivos de *fim de prova*...

"Como você deve recordar-se, através das noções de Doutrina que possui, o organismo somático é mantido pela vitalidade perispiritual, que é agente, e que conduz em germe os pródromos dos acontecimentos futuros para o berço e o túmulo, essas duas entradas principais da vida.

"Anemias, cansaços, uso de bebidas alcoólicas, sífilis, produzem a angina, variando a nomenclatura em relação à etiologia. No seu caso, entretanto, tudo indica terem sido a anemia e o cansaço, junto a outros fatores que não vem ao caso examinar, que causaram o enfarte do miocárdio consequente à violenta crise anginosa."

– Mas como é fascinante, doutor! – interrompi.

– E compreensível – replicou, sorridente. Nos centros de estudos das reencarnações e desencarnações não se conhece a improvisação. Se a paz do mundo começa sob o teto da família, os fatos do futuro estão condicionados ao passado do Espírito, como decorrência dele. Assim, os acontecimentos da vida planetária estão ligados a razões adredemente previstas e sabiamente movimentadas.

"Corpos belos e deformados são frutos de ensaios e comparações, escolhas e imposições, tendo-se em vista os imperativos do mérito, no ajustamento à Lei de Causa e Efeito. Enfermidades passageiras e males crônicos, doenças breves e demoradas, tuberculose, hanseníase, câncer, alienação mental... obedecem a programas estruturados nas bases das necessidades espirituais, em cujas tarefas de renovação pela experiência provacional ou expiatória, em ajustamento ou resgate, o ser recupera o patrimônio da vida, antes mal aplicado pela orientação contraproducente do livre-arbítrio."

– Então – aduzi –, o determinismo é um fato!

– Evidentemente! – retrucou-me. Não, porém, nas bases em que muitos o situam. Recordemos, inicialmente, que ninguém segue rumo à reencarnação para repetir experiências fracassadas. Mas, sobretudo, para aprender e evoluir, valorizando a dádiva do tempo.

"O renascimento não é uma porta de cobrança por onde todos têm de passar compulsoriamente, arrastando penas e dívidas. Antes, é uma oportunidade dadivosa para reparação e conquista. Quantos desrespeitem a Lei sofrer-lhe-ão a consequência. É justíssimo.

"Assim, o determinismo não é uma imposição, mas uma consequência dos atos que criam motivos de resgate. Além disso, não olvidemos o patrimônio de conquistas na esfera do serviço humanitário, onde muito se pode realizar em favor de si mesmo, anulando causas determinantes de sofrimentos futuros. Não esqueçamos, também, que o amor anula e apaga tudo, porque o amor é manifestação luminosa da Divindade ao alcance do homem."

Desejando dar maior ênfase ao assunto, prosseguiu:

– Reconheçamos, ainda, que a alma em romagem pela Terra dispõe de múltiplos recursos para proceder com equidade. Excetuam-se, naturalmente, aqueles que se encontram em rudes pelejas expiatórias, nas quais permanecem apagados os centros da inteligência para o necessário esquecimento libertador. O homem comum, de mediana capacidade, dispõe da razão, do livre-arbítrio, do exame de consciência, tendo ao seu alcance a prece e a intuição ou percepção espiritual. Com o Evangelho de Jesus Cristo, Nosso Senhor, o roteiro humano se ilumina, salvador. No entanto, mergulhando na carne, a alma se apega por teimosia rebelde ao prazer, longe do sacrifício renovador, debatendo-se no arbítrio torturado, e escolhendo, invariavelmente, as sendas difíceis para a própria redenção. É natural que, caindo em inesperados abismos, sofra com a queda os danos pertinentes às arestas do despenhadeiro.

– É racional – assenti. Quer dizer, então, que tudo é previsto antes do renascimento? – indaguei, curiosa.

– Não exatamente tudo – esclareceu paciente. Digamos, antes, que é mais ou menos previsto. Desde que toda ação gera uma reação, é admissível que a previsão esteja na razão direta das ações praticadas no passado. Entretanto, através de novas ações, o panorama geral do reencarnado pode sofrer modificações apreciáveis. Recordemos aqui o ensino do Mestre Nazareno, que é muito expressivo: – Não cai uma folha da árvore que não seja pela vontade de Deus" ou "...até os cabelos das vossas cabeças estão contados", o que pode ser traduzido por um pré-conhecimento das coisas. Entretanto, lembremos, igualmente, que o sábio Senhor também afirmou: "Tudo quanto pedirdes ao Pai, orando, será concedido", o que indica ser a felicidade algo ao nosso alcance, dependendo somente de nos resolvermos a tal. Nas vicissitudes do caminho e dificuldades da luta, a prece da alma contrita chega aos ouvidos divinos, que retribuem a confiança com a temperança e o ânimo, a inspiração e o auxílio.

"Aceitar o determinismo absoluto – prosseguiu, atencioso, – seria o mesmo que negar a Bondade Divina, aceitando o fatalismo negativista. Convenhamos ainda que nenhuma alma é destinada ao mal. O mal é somente uma manifestação do bem ausente."

Estava profundamente comovida. Embora recordasse do que lera, na Terra, o assunto era sempre atraente. Invadia-me o ser preciosa sensação de conforto e segurança, favorecendo-me a mente com novos rumos ao entendimento.

Depois de ligeira meditação, como se buscasse esclarecimentos novos, o venerável médico continuou:

– A reencarnação é abençoado ensejo, concessão imerecida. E toda doação é sempre utilizada como melhor convém a quem a recebe. Muitos, inadvertidamente, atiram fora o que recebem, sem consideração ao Benfeitor; outros utilizam-se da concessão, indiferentemente; raros aplicam bem os valores recebidos. Tal benefício deve ser aproveitado, não para pagamento, peregrinando pelas sendas da amargura, mas para aquisição de valores pelas vias do trabalho. Na *contabilidade* do Céu, a soma de ações nobilitantes anula a coletânea equivalente de atos indignos, e todo amor ao próximo, em serviço educativo à Humanidade, é degrau de ascensão. Por essa razão, o momento que passa é de especial valor. Desde que o nosso *hoje* se encontra radicado no *ontem*, usemos o hoje – amanhã na edificação da ventura pela qual ansiamos.

"Passado, presente, futuro... *Hoje* é o que importa. Atendamos às tarefas que o Mestre nos confere, em oportunidades santificantes, e avancemos sem cessar!"

Calou-se o lúcido visitante. Minha mente perdia-se num mundo de cogitações novas. Vibraram em meu cérebro espiritual as palavras: reencarnação, desencarnação, oportunidade, prova, expiação, resgate... E, sem que o percebesse, deixei-me conduzir à nostalgia absorvente, ao lembrar-me das perdas que pesavam sobre meus débeis ombros.

Percebendo, porém, o meu pensamento nublado pela súbita amargura, o médico espiritual atalhou-me a inquietação, asseverando:

– Sustente o bom ânimo! O arrependimento, quando muito frequente, é mau conselheiro. Use a meditação como medida salutar, abandonando toda e qualquer expressão de remorso deprimente. Utilize-se do momento para a planificação do porvir. Agora, exercite-se; amanhã, sirva.

E com voz grave, concluiu:

– Busque o repouso; é necessário e inadiável o pronto refazimento. Cuidarei de medicá-la devidamente, e, sempre que possível, estaremos ao seu lado, e Jesus conosco.

Despediu-se o novo amigo que, acompanhado da irmã Zélia, se dirigiu a outros necessitados, no sublime mister de curar.

12
Em meditação

As palavras do Dr. Cléofas conduziram o meu pensamento a um mundo de novas indagações. Pouco habituada aos exercícios mentais, sentia dificuldades em ligar expressões esclarecedoras a acontecimentos ilustrativos para tirar os mais proveitosos ensinamentos. Por essa razão, sentia-me perturbar, embora a clareza com que as ideias me foram apresentadas.

Que magnífico tema esse – *livre-arbítrio e determinismo.*

Raramente procuramos examinar os fatos que nos sucedem na vida, descobrindo neles as origens do livre-arbítrio ou do determinismo. A grande maioria dos crentes deixa-se conduzir pela sucessão natural dos acontecimentos, sem aprofundar-se nas causas determinantes, em acuradas e úteis observações. Diante de uma tragédia, duas atitudes comumente assaltam os homens: revolta injustificada ou resignação desvitalizada, que traduzem, em ambos os casos, pobreza de conhecimento racional da *fé*. Somente poucos indivíduos buscam apreender a razão basilar dos acontecimentos para, esclarecidos, dirimirem as consequências, preparando-se para a aceitação natural do fato.

Crença, compreendia-o agora, não significa, de maneira alguma, aceitação passiva dos postulados doutrinários de uma denominação religiosa. Antes de tudo, crer representa conhecer para crescer através do conhecimento. A crença é um meio de realização objetiva nos domínios da alma. Dessa forma, a fé é uma lanterna inextinguível clareando a senda evolutiva do homem pelo discernimento lógico, no intrincado campo dos problemas subjetivos, materializando-se na conduta social. E assim podia, melhor que antes, averiguar quanto é certa a ponderação que se exige no conhecimento religioso, como sói acontecer no Espiritismo.

Quantas vezes, interrogava-me, deixara-me entusiasmar pelas pregações doutrinárias na seara evangélica, comovendo--me até às lágrimas, sem o cuidado, porém, de, ao recolher-me ao lar, aprofundar a mente na análise dos conceitos expendidos pelo dissertador, como frutos da inspiração divina, aplicando-os na vida diária, em favor do porvir? Vezes outras, nos dias destinados ao intercâmbio medianímico, por momentos rápidos mergulhava o pensamento e o coração na leitura da Boa-nova, procurando, nos deveres da higiene, preparar o corpo para o sono, sem outros cuidados para com a alma!

À mesa mediúnica, quando deveria cooperar com recursos valiosos da prece e da concentração, mantinha apenas a atitude da face, sem o devido respeito à dor dos desencarnados, esmagados sob crudelíssimas cruzes. E quantas vezes me deixara conduzir, invigilante, tomada pela impiedade, acreditando estar diante de artifícios dos médiuns ou de enfermidades características de maníacos e sugestionados? Terminado o intercâmbio, só excepcionalmente conduzia comigo as impressões da noite de socorro para melhor e mais acurado exame.

Diante dos benfeitores espirituais, à hora das instruções psicofônicas com que se encerravam as reuniões, a minha atitude não era muito diversa da postura que mantinha ao início do serviço assistencial. E, de incidência em reincidência, habituara-me ao serviço religioso com a pontualidade e compostura de semblante, distante, porém, do interesse e da compenetração que o culto da prece, convite ao homem para o encontro consigo próprio, nos impunha a todos. Tal fenômeno, entretanto, lamentavelmente ainda ocorre hoje em muitas células espiritistas, exigindo dos seus dirigentes os mais reiterados esforços para a manutenção do nível necessário à coleta dos valores legítimos de produtividade intercambial e trabalho. Daí a necessidade constante de estudo com meditação e da sua natural aplicação diária na vida prática, para que o formalismo, tão comum em outras escolas de fé, não se amerceie das almas que se devem esclarecer, tornando-as responsáveis em matéria religiosa.

Recordava as palavras do esculápio e emocionava-me. De fato, era fácil constatar: só há realmente destinação para o Bem, para a produtividade útil, consoante as lições serenas e sábias da vida.

O mineral, o vegetal, o animal, o homem, o anjo, todos caminhamos pelas rotas sem termo, para um único fim: a perfeição!

O primeiro sonha, o segundo sente, o animal sofre, o homem conquista e cresce, e o anjo sublima-se.

Com a aquisição do livre-arbítrio, cada um escolhe o roteiro a perlustrar. As ações criam consequências que, por sua vez, geram efeitos, mais ou menos graves, apressando, estagiando ou retardando a marcha.

Nos reinos primários da forma, a Lei manifesta-se sábia e paciente, usando as dádivas do tempo em retortas e laboratórios transformistas da Erraticidade. Nas fases inferiores da vida, o princípio anímico caminha com segurança rumo às escalas mais elevadas. Posteriormente, o princípio espiritual que despertou do sono letárgico do mineral, descortinou os horizontes da sensibilidade vegetal e desenvolveu o instinto animal, penetra nos domínios da mente, dispondo da possibilidade, concessão divina, para encetar o avanço pelos trilhos da sabedoria, de que, em grau infinitamente pequeno, já é possuidor. Essa dádiva pode ser recebida como um empréstimo da Misericórdia paternal de Deus; não é uma aquisição da alma, como muitos pensam. Do seu uso depende o futuro da sua felicidade pelo tempo e pelo espaço. Quantos malbaratem essa preciosa bênção em jogos ilusórios, retornam ao caminho dos recomeços, até à hora em que se resolvam despertar para o Ilimitado Amor.

Eu concluía, assim, que ninguém deve candidatar-se ao Reino de Deus, se não deseja buscá-lo no próprio mundo íntimo. Por essa razão, afirmou Jesus, é que esse Reino "não vem com aparências exteriores".

Bendita Doutrina é o Espiritismo, que derrama luzes em abundância. Ditosos quantos podem, enquanto na vida física, conhecer as láureas do Além que lhes estão reservadas após o labor e as canseiras do sofrimento!

Minha filha, Espiritismo significa oferenda preciosa do Excelso Pai, atendendo às rogativas de Jesus Cristo, para a felicidade dos romeiros do mundo. Aproveitar tão alta doação é carregar um fardo, certamente; no entanto, um precioso fardo, sacrificando tudo pela incomum felicidade de aproveitar o ensejo que, talvez, não se renove em tão próximo tempo.

Pouco importam as dificuldades em torno do ideal espiritista. É imprescindível lutar e lutar muito! O homem, iluminado pela luz clara da Mensagem Kardequiana, pode ser ridicularizado, nunca, porém ridículo; humilhado, porém, jamais humilhante; perseguido sem, porém, ser perseguidor; abandonado, maltratado, sem jamais abandonar a fé generosa e pura que o aquece, conduz e anima.

No século da fotografia e das imagens em movimento, do telefone e da telegrafia, da máquina a vapor, do aeróstato, do submarino... Das profecias de Maxwell e da obra gloriosa de Zamenhof, o Espiritismo pode ser considerado como a maior conquista do homem no campo da Filosofia; equiparando-se, pela sua harmoniosa amplitude, às ciências vigentes e se tornando a Religião essencial.

Com a inteligência esclarecida, podendo examinar melhor os fatos e o seu encadeamento, quase retornei ao desânimo. Mas, antes que mergulhasse nas suas águas turvas, evoquei as palavras ouvidas nesses breves dias que me distanciavam da carne e procurei manter o equilíbrio necessário para o aproveitamento das horas.

Jesus é o mesmo: ontem, hoje e amanhã – parecia escutar alguém murmurando aos meus ouvidos. E amparada nessa certeza consoladora, adormeci confiante.

13
O PASSE

Demorava-me sob as bênçãos da meditação salutar quando o Dr. Cléofas retornou, no dia seguinte, constatando que a noite de repouso me fizera um grande bem. Fazia-se acompanhar de um rapaz, em cujo rosto a bondade se espraiava dadivosa.

– Apresento-lhe o jovem Adrião – falou o médico com um gesto cativante.

Apertamo-nos as mãos e, envolvidos pelo halo de simpatia recíproca, escutei o benfeitor prosseguir, elucidando:

– Trata-se de companheiro que se dedica ao serviço de refazimento espiritual, mediante a contribuição socorrista de passes.

"Portador de nobres qualidades – informou, solícito, o Dr. Cléofas –, desde há muito se dedicou o jovem amigo ao sacerdócio do amor entre os enfermos e, conosco, sob as bênçãos de Jesus, atende ao programa da fraternidade, doando-se integralmente."

Desculpando-se, delicado e discreto, das palavras de carinhoso estímulo do velho obreiro, o rapaz, que poderia ter sido um filho muito querido do meu afeto, acercou-se do leito quente e macio, falando-me com naturalidade espontânea:

– A visão feliz do abnegado instrutor enxerga-me com recursos que realmente não possuo. Aqui me encontro atendendo a imposições do dever. Trânsfuga da Lei em muitas etapas, sou hoje agraciado com a dádiva de oportunidades educativas que não posso menosprezar para a minha própria recuperação moral. E, nesse sentido, tenho aqui recebido as maiores contribuições para o meu programa iluminativo de ascensão.

"Em diversas ocasiões – e olhou com expressiva vivacidade para o médico silencioso e jovial – cheguei a recintos de socorro qual beduíno perdido e desarvorado, carregando aflições e andrajos, coberto do pó dos desenganos e ferido pelo sabre impiedoso dos erros ultrizes. Não fosse a bondade do Vigilante Incansável que me tem conduzido a este plano de meditação e trabalho..."

Enxugando uma lágrima que lhe deslizou pela face, continuou:

– (...) O infinito Amor de Jesus Cristo, Nosso Senhor, porém, tem-me acolhido, retirando-me do infortúnio de mim mesmo, e essas mãos, que tantas vezes foram utilizadas para a futilidade e o crime, agora se estão voltando para a tarefa justa de aplicação sadia, no serviço construtivo.

Silenciando, momentaneamente, e continuou, mudando de assunto, sob as vistas compassivas do benemérito médico espiritual:

– Sei que a irmã Otília, quando na Terra, foi espiritista convicta. Não desconhece, portanto, o quanto representa em responsabilidade o seu esponsalício com essa Doutrina, renascimento do Cristianismo primitivo. Naturalmente, ligada a uma Organização de Assistência Social, traz consigo créditos que não serão esquecidos, graças aos esforços em favor dos pequeninos. Todavia, por enquanto, o seu estado perispiritual não difere muito da situação em que se encontram outros enfermos, aqui igualmente hospitalizados, dependendo, a sua recuperação, dos esforços envidados na observância das prescrições que lhe serão ministradas.

– Já falei ao nosso enfermeiro – explicou Dr. Cléofas – do seu caso e quais os recursos que devem ser movimentados para a sua medicação.

– Como é do seu conhecimento – prosseguiu Adrião, com muita lucidez –, "todos os males procedem da mente", quando desorientada. Assim sendo, as enfermidades são decorrência natural do mau uso da saúde e, naturalmente, da desorganização mental. Só as mentes habituadas a exercícios disciplinares e educativos podem reunir recursos equilibrantes para a manutenção de uma vida sadia. Já o velho ensinamento latino (*mens sana in corpore sano*) traduz esta afirmativa, referindo-se ao corpo são mantido por uma alma sã.

Animada pela bondade do moço, formulei uma indagação em torno de assunto de que muito ouvira falar, repetidas vezes, quando encarnada:

– Poderia o bondoso amigo esclarecer-me algo a respeito da ioga e dos diversos processos de mentalização praticados pelos esoteristas, considerando-se os seus esclarecimentos há pouco enunciados?

– Naturalmente – respondeu-me. Explico-me. A utilização da mente é o medicamento e a ginástica mais proveitosa para o Espírito. Amar, servir, ajudar, edificar pela superação da comodidade, vencendo os filetes perigosos que nos invadem, em forma de cólera, tristeza, inveja, queixa, é realizar exercício salutar. Nesse sentido, o Evangelho é um curso valioso de *educação mental*, à base do otimismo. Não desejamos aludir à cristalização mental em ideias nobres e belas, vibrações edificantes e generosas, distantes, todavia, da ação positiva, real e produtiva.

"Remontemos historicamente a algumas valiosas lições.

"Zoroastro e seu primo Metyoma, quando da compilação do livro sagrado dos persas – o Zend-Avesta –, sintetizaram num programa simples o roteiro da salvação: Pensar com justiça e *aguçar a mente na pedra da experiência*, sentindo as penas alheias e alegrando-se com as alegrias do próximo; falar com justiça, fazendo da palavra um meio positivo, combatendo o mal e defendendo a verdade, ajudando o fraco; e depois de ter aprendido a pensar bem, a falar com justiça, deve o homem, preparado como está, AGIR bem.

"Posteriormente Jesus conclamou-nos, no programa singelo do amor e da caridade: – a quem te pedir a túnica, dá igualmente a manta; a quem te pedir a caminhar mil passos, vai com ele dois mil..." ao serviço positivo, pela ação valiosa e nobre.

"Depreendemos que pensamento e ação são linhas mestras da vida libertadora, para a felicidade geral da grande família humana. Entendeu?"

– Sim – respondi, emocionada.

– E a ioga – exclamei, ansiosa –, realiza o aprimoramento da alma, consoante apregoam os seus aficionados?

– Em verdade – retrucou, atencioso – a ioga opera modificações valiosas na alma, graças à austeridade disciplinar dos seus exercícios.

"Fundada na Índia, segundo a tradição, por Patanjali, é um sistema filosófico que ensina ser o *estado perfeito* a contemplação, conseguida pela imobilidade absoluta, o êxtase, mediante rigorosas práticas ascéticas.

"Embora o seu grande valor, quando a alma retorna da imersão no oceano profundo da meditação contemplativa, continua sedenta de novo êxtase, de nova libertação; não resolve, portanto, o indevassado problema da paz.

"Temos observado que o estado beatífico no mundo espiritual varia profundamente de quanto se acredita vulgarmente. Ninguém contemplará a *Face Soberana* por meio de voos individualistas, nas asas da mentalização. É imprescindível resgatar as divisas que a Mãe Terra concede, no ativo processo de intercâmbio fraterno, ajudando o berço generoso que nos recebeu a ascender conosco, igualmente."

E, procurando fazer-se mais compreensível, acrescentou:

– O cristão que se afeiçoa ao trabalho, em favor de todos, guarda inestimável patrimônio, entesourando preciosas moedas que lhe conferem a entrada no *Reino da Ventura*.

E, dando novo rumo à palestra, acentuou:

– Iremos atender-lhe à organização espiritual, utilizando-nos dos recursos do passe, esse admirável auxiliar ao alcance das nossas intenções socorristas.

"Como é sabido – esclareceu, paciente –, no passe movimentamos preciosos recursos que, infelizmente, entre os encarnados permanecem ainda inexplorados, embora as luzes que o Espiritismo tem projetado sobre o assunto. Todos somos dínamos geradores de energias poderosas, consoante a diretriz dada aos pensamentos. Pela mente, construímos ou derrubamos, ligando-nos às correntes com que melhor afinamos. Sendo a enfermidade uma resultante da harmonia do Espírito no processo de ajustamento ao dever, considerando, ainda, as ações pretéritas e atuais, para que cessem seus efeitos, faz-se necessário anular-lhe as causas. Pela utilização dos recursos da prece, da paciência e da resignação, acompanhados de trabalho ativo, dispõe-se o paciente ao reequilíbrio da mente, pela situação de sintonia receptiva em que se coloca. Funciona, então, o passe, como medicação benéfica e estimulante. Daí a necessidade de se ligarem psiquicamente, agente e paciente, às Esferas Elevadas, para que a permuta de simpatia e entendimento seja de positivos resultados.

"Busquemos, neste momento, passar da teoria à prática, recorrendo às fontes poderosas do Bem e suplicando as dádivas da Misericórdia Divina."

Calando-se, o jovem amigo quedou-se silencioso e, em breve, parecia em profunda concentração, elevado aos Céus.

Procurei, igualmente, reunir as energias de que dispunha, e a oração, fácil e consoladora, fluiu-me à alma.

Oh! minha filha, quanto bem faz à alma esquecer tudo no momento da prece e banhar-se nas águas benditas da esperança.

A prece é uma ligação de luz que envolve os Espíritos em espiral ascendente. Rompe abismos e dificuldades e, qual telefone sublime, conduz tão grande felicidade, que não é facilmente entendida pelas deduções mentais em processos comuns. Só aqueles que lhe experimentaram a emanação dulçorosa nos terríveis momentos da inquietação podem traduzir-lhe a concessão divina, ao retornar do mundo metafísico. Apaga preocupações e anula ansiedades, conforta o Espírito e o mantém confiante.

Em breve sentia-se banhada por branda luminosidade que se desprendia do compassivo socorrista, que continuava envolto na vibração oracional.

Ergueu os braços e, com movimentos rítmicos das mãos, muito discretamente, aplicou-me os passes magnéticos.

Como se obedecessem à movimentação passista, forças estranhas sacudiram-me a organização perispiritual e todas as fibras pareciam penetradas por eletricidade em movimentação. Sentia que da região cardíaca laços fortemente atados se desmanchavam, oferecendo-me um estado de libertação. A respiração se me tornava menos torturada e a sensação de dor diminuiu consideravelmente.

A aplicação não foi além de dois minutos, após o que, agradável torpor inundou-me toda, induzindo-me a sono reparador.

Quando despertei, horas depois, respirava livremente.

Adrião, sorridente, informou-me que a mesma operação se sucederia, por vários dias consecutivos, até que me encontrasse em condições de prosseguir com a movimentação do esforço próprio, segundo as instruções do Dr. Cléofas.

14
A Colônia por dentro

Diariamente, às vésperas, antes das orações do anoitecer, o jovem passista me trazia, com a sua bondade assistencial, elucidações e apontamentos sobre a água fluidificada, os passes magnéticos, as vibrações mentais, a prece e todo um cortejo de valiosos temas que me rasgavam horizontes ao entendimento, aclarando-me a visão.

A Justiça de Deus tornava-me mais amorosa e instruída, desaparecendo em meu pensamento as falsas conexões à base de tabus interpretativos, quanto às diretrizes superiores.

Depois de um mês de contribuição magnética frequente, já me era possível movimentar pela sala singela, interessando-me mais de perto pelos problemas dos demais companheiros hospitalizados, ora em palestras, ora em alguma pequena assistência mais direta, enfim, nessas pequenas coisas tão insignificantes, e tão importantes, entretanto, para quem tem ânsia de recuperação do tempo perdido e busca iluminação interior.

Verifiquei, tão logo me desembaracei do cansaço e do torpor que me prendiam ao leito, que o Santuário hospitalar, que me acolhia, longe estava de ser a decantada *Mansão do Repouso* com que tanto sonhamos na Terra.

A palavra TRABALHO não era apenas um vocábulo, mas sim uma realidade construtiva e ativa em todos os lados. Os residentes pareciam divididos em misteres especiais e não me recordo de ter visto, até hoje, um semblante sequer, onde a inércia se desenvolvesse. Certamente, enfermos de todos os matizes guardavam o leito por tempo indeterminado. Todavia, a movimentação dos próprios esforços muito contribuía para o despertar, libertando-se dos tentáculos porosos da doença demorada.

Aqui e ali identificava rostos sisudos, preocupados; expressões de saudade e dor entre transeuntes e enfermeiros; todavia, as bênçãos vigorosas do serviço a que se dedicavam pareciam anunciar-lhes melhores horas, em próximos tempos. E cientes de que o trabalho é mensagem divina, em contribuição benéfica, guardavam todos, na expressão do olhar, a presença da fada Esperança, como mensageira da felicidade plena.

Aclimatada, na Terra, aos labores humildes de limpeza e asseio, ofereci-me à irmã Zélia, em dia de grande movimento, para contribuir de algum modo com os deveres de manutenção da enfermaria onde me encontrava, experimentando, com a sua aquiescência, indizível júbilo.

À medida que era atraída para esse serviço singelo, estranho revigoramento tomava corpo dentro de mim, entusiasmando-me e fazendo-me esquecer das preocupações e angústias lancinantes que ficaram no Espírito, com a distância colocada pela *morte*.

Num desses dias de trabalho habitual, enquanto reparava as peças do leito de um dos companheiros que se demorava em terrível pesadelo, fui surpreendida pelo incondicional amigo Adrião, que me animou, bem-humorado:

– O trabalho – informou gentil – é o poderoso elixir de longa vida que fortifica todas as esperanças e esponja que apaga todas as preocupações. A alma que labora não é colhida pelas malhas das tentações da dúvida e do medo, ficando distante do barco fraco dos receios. Enquanto revigora, o exercício do dever bem-cumprido estimula energias, antes esquecidas, a dormitarem na inutilidade. Reabastece a organização psíquica e imprime ao Espírito uma razão operante de lutar e vencer, proporcionando a felicidade do ideal.

E prosseguindo, com entusiasmo crescente:

– Com Jesus, aprendemos que todo trabalho é honrosa incumbência, constituindo-se concessão utilíssima de elevação para todos. O próprio Mestre, desde as primeiras horas na carpintaria de José, onde se exercitava, ensinou-nos o melhor meio de valorizar o tempo, em aplicação das horas nos serviços humildes, como base das grandes tarefas.

"Trabalhe quanto lhe permitam suas forças – estimulou-me com simplicidade –, sabendo que o trabalho é o melhor medicamento contra a perturbação. Poupe, por enquanto, as energias mais valiosas, que serão úteis mais tarde e, pela aplicação sadia dos minutos, seu pensamento adquirirá roteiro disciplinar indispensável à utilização inadiável do porvir.

"E quando o cansaço tomar suas fibras – arrematou com encantadora jovialidade –, lembre-se de que: – *o Senhor até hoje trabalha por nós, sem desfalecimento.* Nosso Senhor trabalha por nós, sem desfalecimento."

Estava radiante e grata. Concluída a pequena tarefa a que me dedicava, dispunha-me a buscar a pérgula à porta da enfermaria, quando o zeloso companheiro se aproximou de mim, oferecendo-se discreto:

– Hoje é domingo e me encontro com um saldo de horas livres. Desejo oferecê-las a você e acredito que seriam de utilidade se as pudéssemos aproveitar numa pequena caminhada até o parque de repouso, nas cercanias do Hospital, onde encontraríamos motivos de entretenimento e refazimento espiritual.

Não me fiz de rogada. Ao contrário, exultei de incontida alegria. Senti mesmo uma grande emoção.

Momentos depois, estávamos em plena rua. O movimento fazia lembrar o das zonas residenciais da Terra, nos dias de repouso comercial. Silêncio agradável pairava no ar, quebrado somente pelo brando cicio da brisa na ramagem do arvoredo.

Era minha primeira marcha, além das dependências do pavilhão onde me encontrava em tratamento e, por isso mesmo, tudo tinha um sabor inusitado e delicioso. Parecia-me estar no próprio paraíso. Rapazes e velhos, jovens e matronas trajavam-se com discrição e decência; as mulheres, com leves túnicas, formavam pequenos grupos; todos passavam conversando na mais fascinante cordialidade, tocados por emoção muito diversa das intempestivas paixões do desejo.

Demorava-me extasiada na contemplação da manhã fresca, fitando os quadros coloridos da Natureza que, aos ósculos do dia em crescimento, mudava as tonalidades de luz na moldura das nuvens, em cambiantes variados e harmoniosos.

Não cessava de admirar as belezas do caminho, ajaezado de miosótis e tufos de violetas perfumadas que serviam de tapete colorido a hortênsias e rosas azuis e brancas.

Com sorriso bondoso, Adrião chamou-me a atenção para os transeuntes que me fitavam alegres, notando a incontida satisfação com que me movimentava, traduzindo-lhes a minha situação de recém-chegada, como acontecera a eles próprios em ocasiões passadas.

Após três quartos de hora, aproximadamente, chegamos a magnífico parque arborizado, com jardins perfumados, onde algumas centenas de pessoas se agrupavam no mais cativante contentamento.

– Falam de saudades – disse-me o cicerone querido –, planejando reencontros na crosta terrestre, nos dias do futuro.

"A Colônia Redenção, como você sabe, é um reduto de preparação, ou melhor, um hospital-escola, como informaram, onde os doentes se refazem aprendendo a terapêutica da alma, em quadros vivos, nos quais são cobaias e pacientes, laboratório de ensaio e clínica de recuperação, para depois recomeçarem a luta no abençoado campo que é a Terra, nossa mãe incompreendida e inesquecível.

"Daqui podemos valorizar devidamente a existência planetária, na indumentária da carne. Enquanto nos demoramos na vestidura física, desrespeitamos a concessão do Senhor entre revoltas injustificáveis e paixões cansativas. Depois, quando despertamos para os valores imperecíveis, nossas atenções se voltam desesperadamente para o plano material, onde a felicidade nos acena, através das oportunidades de reparação. A Terra é a formosa escola de caráter e elevação.

"Todos que aqui chegam – continuou com expressiva tonalidade na voz – carregam débitos para com o planeta que lhes serviu de berço, propiciando o começo na imortalidade. Por isso mesmo retornarão ao cadinho das transformações morais. Ninguém pleiteie racionalmente a entrada no Céu, antes do concurso santificante da experiência terrena.

Ninguém aguarde felicidade pessoal e ascensão, enquanto seus pés estejam presos a compromissos no Orbe.

"O nosso Céu é consequência da felicidade de muitos a quem azorragamos por tempo sem conta, nas folhas da História, em épocas passadas, não mortas, todavia.

"A Bondade do Excelente Amigo, por amor, concede-nos a evolução por meio das miríades de pousadas que o carinho de sacerdotes lídimos da caridade construiu à semelhança desta, onde o Seu calor se encontra próximo da nossa frieza e o Seu olhar magnânimo nos segue sem cessar.

A passagem evangélica,[7] referente às muitas moradas na Casa Universal do Pai, também alude a estas estâncias de socorro, onde a alma escala o seu percurso ascensional evolutivo..."

Nesse momento, um casal de velhinhos, em cujos semblantes a esperança parecia residir, acercou-se, sorridente.

Tratava-se do casal Romero, estudante da Reforma Luterana, e que, durante o último estágio na Terra, se ligaram à Igreja Protestante. O Sr. Romero desencarnara primeiro, por volta de 1932, e demorara-se na Colônia Redenção enquanto se refazia do túmulo. Despertando para a luz meridiana do Evangelho, constatando em si mesmo a imortalidade da alma e renovando conceitos em torno da vida, procurou, em constantes tentativas mediúnicas, despertar a companheira para o Movimento Espírita, vigente e florescente nas terras do Brasil.

Aferrada, porém, à letra bíblica, D. Aurora não abria uma fresta aos insistentes alvitres do companheiro desencarnado, continuando no estreito corredor literal, esquecida de que "*a fé sem obras é morta*", consoante a feliz observação de Tiago, o apóstolo intransigente. Desencarnando, uma década depois,

[7] João, 14: 2 e 3 (nota da comunicante).

chegara àquela Casa de Benemerência, escrava da pretensão religiosa, exigindo o Céu a que pensava ter feito jus...

Longo foi o seu processo de reajustamento e despertar. Todavia, crente honesta e sincera, ao aperceber-se das diretrizes novas que o Evangelho lhe apontava, candidatou-se ao encargo mediúnico, em dolorosa provação, no seio de uma família ligada a uma das igrejas reformadas, para onde retornaria em breve, pelo processo santificante da reencarnação.

Rapidamente, sentimo-nos, os quatro, fortemente afins e interessados pelas questões da Doutrina Espírita – poderoso norteador de almas –; conduzindo a Sr.ª Romero a conversação para a minha última experiência terrena, após o que, igualmente emocionada, me narrou os fatos citados.

Demoramo-nos reunidos até horas avançadas, quando o dia, pleno e estuante, dominava a paisagem, coroando a fraternidade naquele recanto aprazível, com a mensagem doirada de sua benéfica luz.

15

No Departamento Esperança

Preparávamo-nos para as despedidas quando a Sr.ª Romero nos convidou para breve repasto no Departamento Esperança, onde, às 14h, seria pronunciada uma conferência sobre a língua espiritual internacional – o Esperanto –, para interessados nos problemas da comunicação entre as almas.

Dispondo, realmente, de tempo, o moço Adrião aquiesceu à gentileza e rumamos para o quarteirão verde onde se erguia imponente edifício de linhas clássicas, ornado de altas colunas.

O casal Romero, demonstrando conhecer a zona em que se localizava o prédio, conduziu-nos por alamedas arborizadas que terminavam em belos jardins. No centro, verdejante estrela pentagonal, de fícus, em alto-relevo, bordada de miúdas flores douradas, arrancou-nos uma expressão de admiração à sua beleza.

– É a estrela que identifica o Esperanto – informou o Sr. Romero –, tecendo entusiásticos encômios à língua universal.

Repuxos caprichosos derramavam graciosos fluxos d'água, e formavam no ar desenhos geométricos, animados de movimento, entre canteiros artisticamente desenhados e cobertos de gerânios, rosas, cravos...

Galgamos a escadaria de mármore alvo, marchetado de fragmentos verdes que lhe davam comunicativa beleza.

Rumamos para amplo refeitório onde um grupo de gárrulos jovens, aos pares, se comunicavam em algaravia contagiante.

Sem que pudesse compreender-lhes as palavras, o anfitrião que nos convidara explicou tratar-se de um grupo de almas que se candidatavam à reencarnação em países sul-americanos, principalmente no Brasil, e que ali se encontravam em estágio de aprendizagem dos futuros idiomas pátrios, bem como do Esperanto. Conduziriam o emblema verde e o símbolo do Cordeiro, transmitindo às crenças das suas novas pátrias a mensagem do Espiritismo Consolador.

Dirigimo-nos a uma mesa bem-disposta, e, após a apresentação da carteira de esperantista, o Sr. Romero, sem dificuldades, conseguiu que fôssemos servidos de agradável repasto.

Feita a refeição, demoramo-nos a percorrer as dependências do amplo edifício e, surpresa, verifiquei tratar-se de um Educandário de grandes proporções, à semelhança das universidades da Terra.

Impressionou-me, sobremaneira, a biblioteca de amplas estantes abarrotadas de livros na língua internacional, arrumados e catalogados, com lombadas brilhantes.

Esclareceu-nos o Sr. Romero que ali estavam todas as obras em Esperanto que se escreveram na Terra e outras que seriam oportunamente ditadas por via inspirativa, para o deleite do mundo intelectual.

– Embora o Esperanto não tenha pátria nem seja uma língua de caráter religioso – informou o cicerone –, será, no futuro, o grande mensageiro do Espiritismo para a Humanidade, como já acontece no Brasil com as primorosas traduções que, de algum tempo para cá, se vêm fazendo com as obras da Codificação e outras psicografadas.

"Alguns dos livros em Esperanto que hoje se encontram na Terra já eram aqui conhecidos, como sido escritos por ex-alunos do Educandário, hoje reencarnados...

Aproximamo-nos do auditório. Era um amplo salão de linhas austeras com quatrocentos assentos, aproximadamente.

À hora aprazada, depois de algumas músicas cantadas em Esperanto, assomou à tribuna simpático cavalheiro de meia-idade, que iria proferir a conferência anunciada.

– É velho espiritista mineiro, desencarnado há algum tempo –, esclareceu a Sr.ª Romero, sentada ao meu lado. Dedicado trabalhador da Causa do Amor Universal, demorou-se, enquanto na Terra, ao estudo e prática do Espiritismo e do Esperanto, a desfraldar muito alto a bandeira da fraternidade. Aqui chegado, continua o mister de difundir os postulados esperantistas e espiritistas, oferecendo o melhor labor à preparação de almas para as grandes jornadas do futuro.

É-me impossível, por circunstâncias de vária ordem, traduzir as magníficas expressões do inspirado orador. A palavra fácil escorria-lhe dos lábios aos nossos ouvidos, como música bem modulada. Entre outros enunciados esclarecedores, assim se expressou o conferencista:

– Após os tumultuosos dias que culminaram, na França, com a eleição de Charles Louis Napoleon Bonaparte para Presidente da República, e que, posteriormente, degeneraram na sua proclamação a Imperador, o mundo receberia, através de Allan Kardec, *O Livro dos Espíritos*, em Paris, e na cidadezinha polonesa de Bjalistok surgia a alma luminosa de Ludwik Lejzer Zamenhof. Descendo ao vale humano logo após as sanguinolentas lutas levadas a cabo pelo insolente Imperador francês com o imenso Império Moscovita que então dominava a Polônia, tantas vezes dividida entre a Áustria, a Prússia e a Rússia, Zamenhof conduziria a flâmula ardente do ideal da compreensão humana, para desfraldá-la, mais tarde, vestida da mensagem imperecível do Esperanto, o demolidor dos bastiões linguísticos. Do seio da escravidão desse povo sofredor, que vivia no tumulto de línguas e dialetos que reunidos somavam a mais de duzentos, o mundo receberia, como recebeu, a 15 de dezembro de 1859, o missionário do Idioma Internacional.

"Constrangido por uma série de circunstâncias de meio ambiente e obsoletas ideias, Zamenhof sentiu a inspiração banhar-lhe a alma de desbravador, e, ante as injustiças que seus olhos diariamente contemplavam, na forma de chicote no dorso nu das gentes de sua raça (judia), compreendeu a imperiosa necessidade de romper as barreiras que separavam os homens, as raças, as religiões, por meio de algo que fosse comum a todos, como auxiliar indispensável à fraternidade que lhe fascinava a alma e o coração.

"Assim, entre longas meditações e demorados exercícios, conseguiu, com inauditos esforços, evocar, arrancando da tela da memória, como em processo quase adivinhatório, os vocábulos, raízes e fonemas das línguas mais faladas no mundo, construindo o Esperanto, que significa *o que espera*, atestando sua robusta força de confiança no futuro..."

E mais adiante:

– Depois de inauditas dificuldades – prosseguiu o erudito orador –, retornando de Moscóvia para onde rumara a fim de doutorar-se em Medicina, teve a imensurável angústia de saber que seu pai, zelando pelo bom nome da família, incinerara aqueles papéis que, acreditava, fossem apenas o fruto imaturo do cérebro incendido de jovem inexperiente e entusiasta.

"O gigante, porém, não tomba ante dor tão grande. Antes, levanta-se e recompila, com mais acendrado amor, a obra monumental que o imortalizou nas sendas do porvir. Com 28 anos de idade, lança seu primeiro livro, filho de incansáveis labores, e o mundo desperta para uma nova era. Zamenhof informaria, mais tarde, que a atitude de seu pai somente lhe conferira ensejo de revisar, aprimorar, fortalecer o Esperanto, sendo, portanto, um grande bem antes que um mal."

O versado conferencista prosseguiu, fascinante, tecendo comentários em torno do Esperantismo, encerrando sua memorável narrativa com a seguinte peroração:

– Estudar o Esperanto, ensiná-lo e amá-lo é contribuir para a felicidade dos povos, construir a fraternidade no imo de todos os seres.

"Sintonizados pelo coidealismo esperantista com nossos irmãos de outras cores religiosas, alarguemos os domínios da tolerância preconizada por Allan Kardec, amando e servindo a todos, indistintamente; aprendendo, pelo caminho da humildade, a respeitar todos os credos como roteiros iluminativos da alma, ante a nossa Doutrina de fé impersonalizada.

"Ergamos alto a verde bandeira do nosso ideal, como lema de união e entendimento!

"Ridicularizados, continuemos!

"Injustiçados, prossigamos!

"Retendo n'alma a certeza de que aquele que espera, alcança, avancemos imperturbáveis. Ensinando e desculpando, como aquele que, vencendo o próprio Eu, vence as barreiras da intolerância e do vício, favorecendo a Humanidade com a melhoria pessoal, ajudemos o mundo com as bênçãos dadivosas da Esperança!"

Encerrada a palestra, demandamos o jardim.

Guardamos no íntimo, como jatos de luz que nos davam melhor visão, as palavras ouvidas. Vibravam em nossos ouvidos os últimos harpejos da agradável melodia entoada por todos, ao encerramento da reunião.

Recordava-me de ter escutado falar, vagamente, sobre o Esperanto, enquanto estivera na Terra. Jamais supusera, entretanto, que essa reunião de fonemas fosse uma Grande Mensagem de Jesus ao mundo sedento de compreensão.

Ao nos despedirmos, reconhecidos, do casal Romero, retornamos à enfermaria, jubilosos, Adrião e eu.

16

O Templo de Comunhão com o Alto

Filha do meu coração, enquanto me demorava na Terra, recordo-me de ter ouvido, em versos, o roteiro da felicidade, mais ou menos assim traçado:

"Essa felicidade que supomos...
Toda arreada de dourados pomos,
está sempre onde a pomos,
e nunca a pomos onde estamos".

E muita vez me perguntei se, em verdade, a felicidade existia. Hoje, após a claridade da sepultura, posso afirmar-te que a felicidade existe e encontra-se ao alcance de quantos a queiram fruir. Sucede somente que, enquanto a buscamos *fora de nós*, não a encontramos, porque a felicidade está *dentro de nós*, onde raramente a buscamos.

Para o homem comum a felicidade resume-se no problema da posse. Possuir ou não, ser dono de algumas moedas ou escravo de alguns milhões, eis o que comumente se acredita como felicidade. Alguns anseiam pelo gozo que a posse pode comprar. Outros se tranquilizam com o que a posse já adquiriu. No entanto, tem-se constatado que não são felizes os que possuem a riqueza. A felicidade não é uma consequência do que se tem ou se deixa de ter. É uma construção íntima que depende da nossa atitude de encarar o que temos ou o que deixamos de ter. Muitas vezes, quem possui algo, torna-se dominado pelo que tem, assim como outros, que nada têm, se tornam escravos desse *nada ter*.

Quando Jesus nos falou da *pureza de coração*, ensinou--nos a adquirir tesouros inalienáveis do Espírito, com os quais o homem é feliz.

Essa realidade, eu a compreendia agora. Embora as circunstâncias em que transcorrera minha existência física, podia, lentamente, ir adquirindo a felicidade tão sonhada, através do descobrimento da faculdade essencial da alma: o amor. Com o amor podemos aprender a ser puros de coração, exercitando essa pureza nas ações que o amor impõe.

Na Colônia, entre os demais sofredores, descobria o amor de Jesus vestindo almas enregeladas pela indiferença, consolando corações revoltados, socorrendo Espíritos desanimados. E um alento novo me animava, iluminando minhas horas de meditação e prece.

A cordialidade dos companheiros ensinava-me a fraternidade, exercitando meu Espírito no roteiro da compreensão. O cooperativismo era uma realidade vibrante, entre todos. À semelhança de abelhas operosas em colmeia disciplinada, todos trabalhavam jubilosos. O tempo transcorria cheio de esperança que se renovava.

No domingo seguinte, o amigo Adrião, em nome da Sr.ª Zélia, veio buscar-me para as orações em conjunto no Templo de comunhão com o Alto. Eram quase dezoito horas e o Sol derramava sua luz sobre a Terra, em poente dourado. A Natureza emoldurava-se do ouro esvoaçante e púrpura, transformando-se numa tela de indescritível beleza.

Em breves minutos, fizemos o percurso entre o jardim de repouso e a praça central, em cujo logradouro se erguia o

Santuário. Esperava-me o casal Romero, que se tornava interessado no meu progresso espiritual e adaptação na Colônia.

Guardava ansiedade crescente à medida que chegávamos ao recinto reservado às orações coletivas. Estava acostumada a frequentar redutos de orações e igrejas, na Terra; todavia, a oportunidade que se me apresentava era, em tudo, diferente dos ensejos antigos. Conhecia mais de perto o valor da prece e podia aquilatar os benefícios poderosos dela decorrentes. Além disso, a ocasião oferecia-me nova oportunidade de comunicação com grande número de Espíritos que, à minha semelhança, se encontravam em processo de reajustamento e aprendizado.

A visão do Templo, de linhas austeras, destacava-se dos demais pela alvura das paredes e beleza clássica. Quadrangular, era de grandes proporções, fazendo lembrar velhas construções gregas.

Suaves harmonias envolviam a tarde em crepúsculo.

Largo *hall* cercado de colunas alvinitentes abria-se majestoso para o interior.

Misturando-nos aos grupos que avançavam pelas escadas brancas, nele penetramos e aos meus olhos ansiosos desdobrou-se a visão, imponente pela sua beleza, da grande Casa de orações. Silêncio eloquente dominava o recinto, embora se encontrasse quase literalmente lotado. Agradável sensação de bem-estar se comunicava entre todos, infundindo profundo respeito.

Adrião, afeito ao culto da prece no austero recinto, conduziu-nos, com prestimosa bondade, às poltronas laterais, donde podíamos descortinar todo o panorama deslumbrante em espiritualidade e acolhimento. Era, sem dúvida, um dos celestes departamentos reservados ao abastecimento das almas que granjearam méritos nas romagens sucessivas.

Enquanto assim eu pensava, o carinhoso amigo, que parecia comunicar-se com os meus colóquios íntimos, interrompeu-me as conclusões apressadas e, sem afetação, no tom familiar que o caracterizava, esclareceu:

– Sem dúvida, minha irmã, todo lugar, em qualquer parte, reservado ao Apostolado do Bem, é um departamento da Mansão Celeste. Mesmo nas regiões mais primitivas e incultas, constatamos a augusta Bondade de Nosso Pai, que se utiliza de todo material para a assistência misericordiosa das almas. Aqui é a disciplina educadora, noutra parte é o recomeço coercitivo, mais longe são os sofrimentos em admoestações constantes.

"Este recinto é um santuário reservado ao culto da prece, onde podemos comungar com as *Esferas* mais elevadas; no entanto, é igualmente reduto de meditações, escola de aprendizagem indispensável, onde recolhemos material doutrinário para a devida utilização, oportunamente.

"Como é sabido – continuou, pausadamente –, as telas da memória tudo recolhem, guardam, arquivam, selecionando ruídos e vibrações, para um dia devolver ao consciente, no devido lugar e na legítima acepção em que foi catalogado. Muitas vezes, padece-se de perda das lembranças. No entanto, tal fato, de caráter facilmente compreensível, é consequência do mau uso da faculdade retentiva, em vidas pregressas. A memória exercitada na astúcia política dos interesses imediatistas ou utilizada para recordar o *lado mau* das pessoas e fatos, perde a sua função nobre e enseja o crescimento de males que virão atormentá-la, mais tarde. Apesar disso, nada se perde; e como o Espírito somente evolui pela prática e pelo exercício das virtudes, em múltiplos embates, a memória guarda as aquisições valiosas para as horas próprias da ascensão.

"Os apontamentos aqui recolhidos – continuou com naturalidade fascinante –, pela nossa ansiedade, incorporam-se ao patrimônio de que já podemos dispor, ampliando ou esclarecendo os conhecimentos adquiridos para engrandecimento dos nossos recursos. Muitas lições, aqui ventiladas, recordam nossas quedas e fracassos, gritando alto em nosso Espírito o apelo para as repetições reparadoras. Entretanto, a nossa Colônia é ainda *Casa de recuperação* – mais hospital de emergência – onde a vigilante caridade do Céu recolhe desequilibrados que, se deixados no orbe terreno a pervagar, entrariam em afinidade com encarnados, sobrecarregando-os de dolorosos problemas, além dos que, por Lei purgativa, lhes cabem no reajuste de si mesmos..."

E encerrando os esclarecimentos, oportunos, aliás, ratificou os argumentos, informando:

– Constitui-nos bênção imerecida, cada encontro sob a abóbada acolhedora que ora nos agasalha.

Só então olhei para cima e notei, surpresa, que o teto era realmente abobadado, rompendo-se em linha circular quando próximo à tribuna reservada ao parlamentário, situada sobre estrado atendido por seis degraus. Podia-se então distinguir uma pérgula ornada de rosas trepadeiras que bebiam as dádivas da noite que se avizinhava.

Suave perfume brincava no ar, carregado por ventos brandos.

Nesse momento, ouvimos o canto coral que preparava o ambiente para as orações. Ali se encontravam criaturas que pertenceram a várias correntes religiosas da Terra.

Quando as vozes se quedaram, verifiquei que a emoção que eu experimentava era generalizada, porquanto muitos choravam discretamente. A esse tempo, respeitável ancião, envolto em alva túnica debruada de azul, recordando venerável sacerdote de épocas mui recuadas, assomou à tribuna, ante a vibração de simpatia geral.

– É o irmão Policarpo – murmurou Adrião ao meu ouvido.

Com pausada voz, vibrante e melodiosa, começou o Instrutor:

– Irmãos muito queridos, seja conosco a paz do Cristo a Quem temos a honra de amar e servir.

"Entoemos nosso cântico de júbilos por nos encontrarmos na oficina redentora onde somos convidados a forjar, com sacrifícios renovados, a felicidade antes malbaratada por imprevidência e precipitação.

"Nossa condição atual de Espíritos desencarnados, embora a diversificação de rotulagem religiosa, não difere muito do que fomos: nem anjos, nem demônios, mas homens, almas em aprendizagem segura, apenas despojadas da carne.

"A matéria que deixamos recentemente e que, durante algum tempo, foi motivo de queixas e imprecações, é o nosso abençoado campo de luta. Ninguém ascenderá sem o resgate com as sombras do passado, na Terra. Embora as ânsias de evoluir em alguns e a saudade cruciante em outros, a reencarnação é-nos ainda bendita oportunidade de evolução, mediante a qual espalharemos o cimento divino no solo das próprias cogitações para a construção eterna.

"Por mais procuremos esquecer, ainda somos aquelas almas que ouviram as mensagens celestes pela boca da iniciação esotérica, na recuada Índia, no longínquo Egito, na remota Caldeia, na antiga florescente Israel, abandonando imediatamente as instruções recebidas, descendo ao seio dos grandes rios, distendendo fronteiras de guerras, saqueando e matando, em nome de mentirosas hegemonias políticas.

"Emocionados junto aos venerandos mistagogos, fascinados pelas revelações de *Brama* aos richis, deslumbrados ao clamor das vozes nas bocas de intérpretes da Mensagem, tudo esquecíamos na ânsia do poder e da dominação. E depois do Mártir Nazareno, quantos continuamos na mesma tormenta de antes?

"Pelas sendas da cobiça ampliamos o campo de batalha, invadimos lares honrados, poluímos famílias inteiras, dizimamos cidades... Cobrindo o pó das sandálias de Átila, Alarico, Gengis Khan ou, antes deles, Alexandre, César..., procuramos matar a sede de dominação, com o sangue dos vencidos. E até o momento, vibram, em muitos de nós, os monstros da animosidade, aguardando apenas o instante de crescerem, escravizarem, destruírem.

"Não tenhamos a louca pressa da libertação impossível. É enganosa a felicidade solitária, enquanto vítimas e adversários de nossos Espíritos gemem em regiões desoladoras, imantados a ódios seculares ou atados a postes de dor inenarrável, suportando atrozes padecimentos, devastados pela ânsia da vindita, aos quais temos de oferecer o concurso da nossa renúncia salvadora.

"A serenidade, que ora nos visita, representa uma trégua em nosso campo armamentista. É uma contribuição da Misericórdia de acréscimo, do Conquistador Inconquistado, que nos possibilita o ensejo de aprender para reparar, proporcionando-nos os instrumentos do amor para o refazimento dos caminhos destroçados. Utilizemo-nos de tais graças e, no exercício da meditação, esforcemo-nos para a realização mental de elevados ideais na matéria, a fim de que, ao soar o apelo de chamado ao retorno, não apresentemos, vazios de sacrifícios, os celeiros de nossas disposições.

"Não aguardemos, porém, quando de partida para o terreno a recompor, comodidade sem privações nem provações, amparo do entendimento, cooperação da ternura, acompanhamento da felicidade, recompensas a que não podemos aspirar.

"O lavrador que se dispõe à sementeira, primeiramente lavra o campo em fadigas incessantes, sofre, com as dores da terra, muitas dores. Depois, quando o solo está preparado, pensa em lançar sementes.

"Assim também, não procuremos lançar as sementes das nossas boas intenções, antes do trabalho de destocagem e remoção de obstáculos. Os primeiros tempos nunca são fáceis. As grandes noites não permitem, aos que nelas vivem, a possibilidade de agradecer os primeiros jatos de luz. Estes, antes de beneficiarem, cegam aqueles que estão desacostumados à sua claridade, produzindo choque.

"Os grandes ódios, cercados do cortejo de vinganças e revides, não podem receber o penso medicamentoso do entendimento e do amor, e submeter-se rapidamente.

"Reparação traduz participação.

"Reparar o passado é sofrer-lhe as consequências.

"Nossas vítimas ainda sofrem e, por estarem conosco no caminho, em cada gesto nosso recordarão das traições, hipocrisias, armadilhas d'outrora; revidando, contra o nosso carinho, com a rispidez, com a cólera... Não estando capacitados para um perdão que lhes foi negado, quando o suplicaram, não nos podem amar, e veem-nos como lobos rapaces, vestidos de mansos cordeiros. E, de certo modo, têm razão...

"Deste, como de outros redutos de refazimento, diariamente partem viajores aos milhares, levando as marcas de seus compromissos com a vida incessante. Outros chegam desolados, carregando dores, sob indescritíveis flagelações.

"Alguns seguem e tremem à frente da expectativa feliz. Outros retornam como náufragos recolhidos, em desespero, nos escolhos da insensatez, no mar proceloso dos desequilíbrios. Vários, logo que se encontram religados ao fardo material, desrespeitam os laços de santificante compreensão, reatando liames escravizantes, em afeições à base da ilicitude, retornando aos braços fantásticos do Moloch destruidor, junto de quem se comprazem, loucos. Afinam-se por invigilância a antigas afeições de desastrosos avatares, seduzidos pelo contato com *entidades* malevolentes e irresponsáveis, para despertarem, mais tarde, entre a insânia e a selvageria, adiando, indefinidamente, o processo de sublimação. Atravessam, então, acerbas expiações, acolitados pela lixívia do tempo, que através de milênios lhes reparam as arestas, dispondo-os novamente para os recomeços, exatamente nas mesmas condições e circunstâncias em que fracassaram. E os insucessos se repetem...

"Ninguém burlará a Lei. Ela segue vibrante, conosco, no afã crescente de ajudar-nos, mas também de fazer justiça. Alma alguma será atendida em circunstâncias especiais.

"Não existem duas estradas: a de escabrosas veredas para uns, e outra alcatifada de conforto para outros. Todos seguirão o mesmo rumo, construindo o futuro com as atuações do presente. Não há para onde recuar.

"Quando desejaremos, por fim, librar acima das vicissitudes? Só Deus o sabe!

"De Jesus, nosso Modelo, temos advertências gritantes, no Seu Testamento de luminosos alvitres.

"Guardamos nos refolhos d'alma o exemplo que marcou a História, beneficiados que ainda somos pelo calor da Sua luz e pela compaixão infatigável do Seu coração.

"Ouvimos ainda a Sua voz, de mil modos, no coração e na mente, e, no entanto, permanecemos aguardando, cansados aparentemente, à espera de que Ele volte a morrer para nos animarmos ao trabalho e à ascensão. Será, então, crível que o Mestre desça novamente aos homens, apresentando-se com a indumentária física, para refazer a via do matadouro?

"Não, meus irmãos, não é necessário!

"Recordemos que o Senhor jamais se apartou de nós. Seu ensinamento é luz em nosso caminho, aumenta-nos as responsabilidades, principalmente quando esposamos qualquer rota de fé, nos diversos departamentos do Cristianismo.

"A Mensagem do Cristo permanece repetindo, incessantemente: "*Buscai e achareis...*".

"Que mais desejamos? A Boa-nova não é apenas uma notícia a mais na História Universal. É da História, todavia, muito maior do que a História dos tempos.

"Além de notícia, lição de despertamento é, igualmente, via libertadora. E nisso difere de todas as notícias chegadas ao mundo. Concita o homem a erguer-se, sacudir o pó do comodismo, reunir ferramentas para a realização e partir resoluto.

"Antes da vinda do Mestre, acreditávamos no arrependimento inoperante e na compra dos favores celestes mediante oferendas e sacrifícios que atendiam apenas a sede de Espíritos infelizes que se compraziam com a ignorância e a estimulavam. Com Jesus, todavia, aprendemos que o sacrifício que *mais agrada a Deus* é o da própria imolação pela renúncia pessoal, e da luta iluminativa em favor de todos.

"A busca referida pelo Evangelho é veemente convite ao trabalho e não à procura ociosa.

"Quem se erga resolutamente, enfrente os fantasmas que giram em torno de seus ideais e vença os óbices, terá encontro marcado.

"Guardemos, assim, no Espírito ansioso, o desejo de buscar a Vida Superior, vencendo as valetas do Eu enfermiço, e, certamente, a Vida Maior será encontrada, favorecendo-nos com a paz dos justos e a felicidade dos eleitos."

Calou-se o ancião venerando. Todos guardamos solenemente as preciosas palavras no Espírito. Sentia-se a geral preocupação, no ar, misturada àquele senso de responsabilidade que é apanágio das almas em despertamento sob o aguilhão da dor.

Alguns, como eu, emocionados, chorávamos, recordando, talvez, a condição de náufragos ali acolhidos.

Em seguida, jovem pucela ergueu-se e melodiosa harmonia encheu o recinto de vibrações dulçorosas. Com surpresa, reconheci Susana.

O venerando velhinho proferiu a prece que lhe brotava dos lábios e do coração, como lírios da terra fértil e encharcada de promessas. As palavras coloriam as emoções e desatavam, em cascatas, vibrações renovadoras.

Flores em forma de taças, transparentes e coloridas, voejavam no ar como borboletas, caindo abundantes. Ao mais leve contato, desmanchavam-se suavemente, penetrando nos poros.

No alto brilhavam as estrelas como olhos de anjos engastados na cúpula do firmamento.

Estava encerrada a reunião.

Abandonamos o abençoado auditório e, silenciosos, retornamos ao seio dos nossos agrupamentos.

17

Ouvindo e aprendendo

Minha filha, somente poderás saber como são consoladoras as promessas do amanhã, através das atividades da hora presente, quando as dirigires a elevados objetivos. Aproveitar o tempo, com sabedoria, é muito expressivo. Raramente compreendemos a sua legítima valorização.

A vida espiritual é muito semelhante à corporal, muito embora, como disse esclarecido companheiro, *a vida daí não seja semelhante à daqui.* Todavia, no Mundo da erraticidade, o Espírito pode adquirir elucidações e ensinamentos que não pode desdenhar, à vista da preciosidade de que são portadores. Enquanto caminhamos na carne, não dispomos dos cuidados especiais necessários à observação dos fatos, situando-os nos devidos lugares, como doações celestes a nossos Espíritos sequiosos de crescimento. É comum torcermos os conceitos das mensagens que nos são dirigidas, transferindo-os para o próximo e jamais os aceitando como roteiro para nós mesmos. Na vida espírita, porém, isso não é possível, porquanto, despertos para a verdade e sedentos dela, procuramos, em cada acontecimento ou narração, aparentemente sem importância, o que nos possa ser útil, de modo a apaziguar os conflitos íntimos e diminuir as aflições do arrependimento.

Dentre essas lições silenciosas, a que mais me tem falado é a do trabalho humilde e significativo que me coloca em frente de mim mesma, desnuda de aparências e formalidades, ensejando-me acuradas meditações sobre a expressão do Mestre: "*E o Pai até hoje trabalha*".

Recordo-me, hoje, de haver lido, quando na Terra, que "*o trabalho ainda é a melhor forma de fazer o tempo passar*", o que, realmente, tem muita significação. Não é meu desejo dizer que se deve encontrar no trabalho um meio de libertação do tempo, fazendo-o correr, mas, exatamente o contrário: fazer o tempo passar, com o auxílio do trabalho, implica aproveitamento nobre desse tempo.

Encontrei no trabalho, como disse, um verdadeiro lenitivo, minha filha. No entanto, tal lenitivo não estava nas grandes realizações e sim no trabalho singelo, de pouca valia, de pequena monta, cuja obra ninguém vê, que não opera resultado imediatamente, nem apresenta benefícios facilmente identificáveis.

Tenho-me dedicado aos trabalhos de experimentação e aprendizagem, aos serviços de auxílio e de limpeza, da compaixão e da prece e, principalmente, da *gota d'água,* servindo nessas mil pequeninas coisas. Comentou-se, recentemente, no *Círculo de orações,* quanto ao valor das pequenas coisas, dessas realizações quase sem valor, e um mundo novo se abriu ao meu atônito entendimento.

Velho trabalhador da Seara de Jesus, na Terra, apresentou, nessa animada conversação, aquilo que denominava como "minhas humildes sugestões" em torno do importante assunto, com inflexão de carinho na voz:

– Nas coisas mínimas – iniciou ele a conversação edificante – está a grandeza das máximas. O Universo, como patrimônio do átomo; e este, como filho da energia. Tudo gravita dentro de nós e fora de nós como resultado da partícula *invisível*, em graciosos movimentos de atração, coesão e repulsão.

E descendo as suas observações a assuntos mais comuns, asseverou:

– O discurso brilhante é o resultado da palavra que se arrima a outra palavra, em arranjos graciosos.

"A palavra burilada é nascida da sílaba modesta que se ampara noutra. Esta, por sua vez, é filha da letra que renuncia à individualidade e se liga a outra, para contribuir no conjunto.

"O pão suculento e apetitoso, saindo do trigo mergulhado na terra silenciosa e escura; a estrada confortável, por onde a comodidade roda, acolchoada em automóveis de luxo, como patrimônio da pedra pontiaguda que se submeteu à máquina pesada, ou do asfalto de desagradável odor que se solidariza com o solo, em união valiosa; o ar que se respira, a água que se bebe, são expressões grandiosas das pequenas coisas, nas grandes realizações.

"Nas cidades, o repouso da sociedade depende da vigilância de anônimos servidores noturnos.

"A saúde é amparada, graças às mãos que coletam lixo.

"O banditismo e o crime reeducam-se em colônias agrícolas penais sob a assistência de homens que renunciam aos prazeres das vias movimentadas, na condição de guardas e zeladores.

"Da mesma forma, o farol derrama advertência, na noite escura, em avançadas pontas de terra ou ilhotas esquecidas nas costas marinhas, assistidos pelo sacrifício de alguns homens sem nome.

"A dama embriagada de vaidade que volteia nos salões festivos, coberta de sedas e tules, não recorda a operária que talvez chorando sobre o rico vestido, ao peso de amarguras e problemas, foi a realizadora da obra que lhe adorna e embeleza o corpo.

"A estátua reluzente, que imortaliza em mármore as grandes vidas, guarda o nome do escultor, mas esquece do pedreiro humilde que lhe preparou a base com barro modesto, sustentando-a na praça.

"O hotel luxuoso, onde a vaidade se exibe, mantém a nobreza do nome, felicitado pelo silêncio de arrumadeiras diligentes e submissas, bem como de modestos limpadores de pratos onde as iguarias desfilam.

"A joia que fulgura em *pedantif* adornado, reluzindo, não conserva o nome daquele que, em renúncias e imposições continuadas, demorou no garimpo, talvez a existência inteira.

"Enfim, a proliferação da vida vegetal, através do minúsculo pólen, e o homem, surgindo do pequenino óvulo..."

E sorrindo, arrematou com agradável humor:

– A grande caminhada nasce no primeiro passo; o tecido se origina no fio, o corpo humano na célula, assim como todos os corpos e o Universo incomensurável na vibração amorosa de Deus.

"Podemos esquecer as pequeninas coisas e as coisas humildes. Nunca, entretanto, desrespeitá-las ou dispensá-las."

Na conversação da nossa enfermeira, na arrumação dos leitos e no amparo fraterno, com sorriso compreensivo e prece socorrista aos companheiros de dor – conforme aludi –, encontrei-me a mim mesma.

Ao contato desse trabalho abençoado, pude conhecer o infortúnio dos irmãos agasalhados pela caridade e misturar, com as suas, as minhas lágrimas e dores, aprendendo inolvidáveis lições que me alargaram os horizontes do esclarecimento, qual luz que penetrasse em grota escura e a libertasse discretamente das trevas e dos seus repelentes habitantes.

Aqui é a filha obsidiada pela recordação torturante da ingratidão que fez sangrar o coração materno, resvalando nos abismos do remorso que a sepultura libertou...

Ali é o médium que negligenciou com as sagradas tábuas do intercâmbio entre os dois mundos, acoimado por memórias cruéis que o tempo não consegue apagar...

Além é o marido infiel, que vivera empolgado pela sensualidade e hoje carrega o fardo da culpa, ao ter conhecimento do desespero da companheira que se atirou, invigilante e infeliz, à degradação, na busca de derivativo e esquecimento...

Chorando, acolá, uma mãe descuidada dos sagrados deveres recorda, transtornada, a aplicação da eutanásia no companheiro, martirizado por enfermidade atroz, supondo libertá-lo da dor; experimentando, agora, o clamor da consciência desvairada...

(...) Adultério, lenocínio, roubo, assassínio, ciúme, ódio, gula, ambição e todo séquito de misérias, são ali apresentados, no semblante desfigurado dos seus mais ardentes aficionados, que no mundo receberam honrarias, mas de cujos crimes e tramas ninguém soube. A Justiça conheceu alguns deles, mas não pôde ou não quis puni-los com a morte; entretanto, os culpados não puderam fugir, evadindo-se da prisão sem grades da consciência justiceira, em cujas teias e rédeas a Lei vigia incessantemente.

Ouvindo e aprendendo. Ouvindo os comoventes estados d'alma e aprendendo com alma para os estágios do futuro...

18

A louca

Eu fora informada de que naquela noite seria admitida em nossa enfermaria, na Seção dos dementes, uma jovem senhora, amparada pela Caravana dos Mensageiros da Cruz, após visita às regiões inferiores.

Aguardei o ensejo confiante na possibilidade que me surgia de oferecer os meus cuidados e assistência fraterna à doente.

Altas horas da noite, ouvi parar à porta o veículo que conduzia os enfermos. Corri para prestar auxílio e me deparei com uma antiga carruagem, toda fechada, puxada por quatro corcéis brancos, de grande proporção.

Enfermeiros prestimosos aguardavam, igualmente, os doentes anunciados. A movimentação se fez grande, momentaneamente.

Ajudada por Adrião, aproximei-me da benfeitora Zélia, que administrava com grande serenidade, transmitindo seguras orientações, obedecidas sem discussão.

Entre os doentes conduzidos para as Seções especiais do pavilhão em que eu me hospedava, não tive dificuldade em descobrir aquela de quem me falaram os amigos, com desvelada ternura.

Dois moços conduziram-na em padiola ao leito adredemente preparado. O semblante pálido e suado trazia marcas de cruel agitação. Entretanto, parecia desmaiada. Poderia ter vivido apenas 40 anos, quando encarnada.

Acomodada com cuidado no leito acolhedor e alvo, a paciente permanecia sem sentidos.

Acenando-me com significativa expressão da face, aproximei-me da administradora, que me concitou, bondosa:

– Este momento representa sua oportunidade de integrar-se nos serviços de nossa Casa. Como você sabe, os mais singelos movimentos de auxílio transformam-se em luz, em nosso próprio caminho evolutivo. Não adie a hora que se lhe depara afortunada e vantajosa. Informe ao Adrião que Matilde requer assistência especial, logo lhe seja possível...

E, dirigindo-se a servidores mais experientes, acrescentou, aludindo ao meu trabalho:

– Matilde é a sua oportunidade de recomeço.

Sorriu a benfeitora e, felicitada pela grande oportunidade, agradeci, reconhecida, ao Pai Celestial.

Desde há algum tempo, habituara-me aos valiosos serviços de prestar informações sobre doentes, levar recados de urgência de uma enfermaria a outra. Como as salas de assistência fossem próximas, dispostas em alas retangulares, entremeadas de jardins, estava habilitada a acercar-me de várias delas, onde me dedicava aos misteres do asseio.

Sabendo que encontraria o incansável passista nas câmaras de repouso dos obsidiados em recuperação, não tive dificuldades em localizá-lo.

Notificado da necessidade da sua presença e dos motivos que o chamavam, o esclarecido e constante amigo denotou preocupação no semblante e, algo apressado, pôs-se a caminho, seguindo-lhe eu empós.

– Matilde – informou-me, prestimoso – é um caso que requer cuidados constantes. Tive ensejo de visitá-la nas regiões em que se demorava e inteirei-me da sua situação por informações de amigos interessados no seu despertar. Confiemos, entretanto, e não nos deixemos descoroçoar.

Quando chegamos, a enferma apresentava-se fortemente inquieta por convulsões que a sacudiam incessantemente, contorcendo os lábios e agitando o corpo, como se estivesse dominada por visões terrificantes.

A incansável Zélia, que naquele momento chegava, como se desejasse fazer algo, sem mais delonga rogou-nos atenção:

– Unamo-nos mentalmente, supliquemos as santas dádivas em favor da infeliz que ora aporta, de retorno, ao Lar generoso.

Em breves minutos, as lágrimas que se haviam tornado de há muito minhas constantes companheiras escorriam serenas ao beneplácito da prece silenciosa. Era a primeira vez que participava de um serviço direto no ministério do passe e não me pude furtar à evocação do meu próprio caso, há mais de um ano, quando, então, recebera o auxílio magnético do colaborador abnegado. E sob a recordação das minhas necessidades, supliquei ao Mestre da Compaixão pela irmãzinha, vítima de si mesma, ali exausta e desnorteada.

A enferma, que ainda se debatia, foi-se acalmando lentamente sob o calor brando da prece. Bagas de suor afloravam-lhe no rosto, colando os cabelos desgrenhados à testa larga. Os olhos dilatados pareciam desejar romper os diques das órbitas que os detinham. Todavia, indicavam não perceber o recinto. Apresentavam-se apavorados, imersos em longínquas, terríveis fixações. De quando em quando, toda a sua organização perispiritual, muito densa, era acometida de tremores nervosos descontrolados.

Adrião, em prece muda, mergulhava nas nascentes fecundas do Bem, aspirando o perfume do amor que o cobria todo como veste de tênue luz.

Aproximando-se com inexcedível ternura, qual mãe desvelada junto ao berço onde dormita o filho, distendeu os braços e, movimentando energias que fluíam de seus músculos, deu início à aplicação dos passes magnéticos. Lenta, ritmada e seguidamente suas mãos escorriam da região frontal até os membros inferiores da paciente. Em constante ritmo, aumentou a velocidade dos movimentos longitudinais.

Subitamente, a enferma começou a gemer, com voz sumida, enquanto, através da sua boca semiaberta, escorria uma massa fluida nauseante e escura que impregnou o recinto de odores fétidos.

Os movimentos do passe continuaram ininterruptos, renovando as extrações de energia deletéria que combalia a sofredora em profundo estado de miséria vital. À medida que o socorro continuava generoso, foi-se atenuando a coloração e o aspecto da exalação que, após alguns minutos, se diluía em vapor pardacento.

A irmã Zélia, desejando certamente elucidar-me, explicou à meia-voz:

– São energias longamente condensadas pela alma desavisada. Como é sabido, cada alma respira o clima mental da região em que sintoniza o pensamento. Nossa pobre amiga, embora forrada, a princípio, das melhores intenções, não se pôde guardar à distância das vicissitudes humanas, em cujo fogo de prazeres empenhou as melhores possibilidades de reajustamento com a Lei de reparação.

E dando curso à exposição, prosseguiu:

– A Terra não é um Éden, bem o reconhecemos. Todavia, é uma abençoada oficina em cujos cômodos exercitamos as tarefas de evolução. Quando ali reencontramos as possibilidades de prazer, arrebentamos as cadeias do dever e imanamo-nos aos grilhões dos vícios que embriagam e aniquilam. Para libertar-nos desses males, as boas intenções ajudam, mas somente quando se fazem acompanhar das boas ações.

E depois de breve meditação, deu curso ao ensinamento:

– Sob a assistência das forças positivas de Adrião, o organismo perispiritual foi sacudido e toda a organização espiritual da enferma está sendo visitada por energia salutar que, à semelhança do que ocorre na fagocitose do vaso físico, terminará por vencer os miasmas mentais acumulados, que lhe prejudicam o reequilíbrio psíquico.

Calou-se a benfeitora. Pude ouvir, entretanto, a voz do passista, concitando a socorrida ao brando repouso:

– Durma!... Durma!... Esqueça!... Procure esquecer!... Não receie!... Não receie!... Durma!... Sono reparador e calmante!... Visitar-lhe-á, minha irmã... Não pense mais nada!... Esqueça!... É necessário esquecer...

Aquela voz calma e lenta parecia possuir mágico condão, porquanto, em breves momentos, com a respiração acalmada, a doente adormeceu, cerrando, por fim, as pálpebras.

Estava encerrado o serviço assistencial do instante, mas novos recursos seriam necessários para atender, devidamente, àquele Espírito aflito, sob nosso olhar.

Adrião sorriu, com simplicidade, como a desculpar-se e ponderou:

– Não nos esqueçamos da Caridade do Dispensador infatigável que não cessa de atender-nos em todos os momentos. O caso que temos no roteiro de deveres novos é bem um exemplo de alma naufragada nas procelas da carne, em flagrante desatenção às instruções do Nauta Divino. Apesar disso, Sua Misericórdia, em nome do Ilimitado, não a esqueceu e, vigilante constante, distendeu braços protetores, sem que a aflita sequer o houvesse suplicado.

"Repousará, um pouco – concluiu –, apagando, momentaneamente, a chama da aflição que a devora, para despertar, logo mais, vulcão tumultuado em plena erupção."

E como notasse o espanto no meu rosto, acrescentou ainda:

– Não há que estranhar, minha irmã. Não nos encontramos numa Gruta de milagres, mas numa Casa Hospitalar dedicada à recuperação e ao reequilíbrio. O remédio aplicado diminui a dor sem eximir o doente de prestar contas com a consciência culpada. Felizmente não existe, além da morte, a quitação indébita ao devedor, mediante favoritismo especial para uns, em detrimento de outros, filhos todos, igualmente, do mesmo Pai. Cada Espírito sofre depois da desencarnação a má pedagogia a que se ajustou enquanto na escola terrena, carregando a canga a que se jungiu nos vários compromissos com a vida.

Talvez desejando alongar-se para esclarecer melhor, aduziu humilde:

– Despertamos sempre com a angelitude ou com o satanismo que vitalizamos em pensamentos e ações. Cada alma é o que pensa. O Céu e o Inferno são construções pessoais de cada ser. É valiosa a boa intenção de muitos, todavia, a construção eterna não é uma resultante somente do ensejo, mas principalmente do trabalho ativo.

E com firmeza, arrematou:

– Repomos na Criação o que tiramos da vida. Na vida universal tudo são permutas, em incessantes transformações evolutivas. Não existe repouso, vácuo, silêncio. Se tal houvesse, significaria o caos do próprio Universo. Em toda parte encontramos vida exuberante a cantar as glórias do Supremo Construtor, exaltando Sua Obra.

A emoção embargava-me. Na minha simplicidade mental, jamais me ocorreram semelhantes ideias. Nunca me lembrara de procurar o Pai Doador na obra gloriosa que nos felicita a eternidade da vida. E lembrei-me daqueles que humanizam o Senhor, e apiedando-me da sua ingenuidade.

– O pão que serve a mesa – ponderou a irmã Zélia, até então silenciosa e atenta – saiu do lodo da terra em milagroso sacrifício do grão de trigo que se deixou morrer. Vida: transformação, evolução!

Os conceitos hauridos junto à recém-chegada inundaram-me de paz. A esperança tão desconhecida é, sem alarde algum, filha da fé religiosa, legítima. A fé é resultado do conhecimento, dileta amiga da razão. Quando não podemos raciocinar, aceitamos, mas não cremos. Daí a assertiva do mestre da Codificação do Espiritismo: "Fé inabalável só o é a que pode encarar de frente a razão, em todas as épocas da Humanidade".

Quanto material, Deus meu! – pensava.

Como o Espiritismo é realmente o grande Consolador dos Espíritos! E me deixava arrebatar pela emoção de constatar que essa Doutrina, tão consoladora, liberta a alma e a prepara para enfrentar-se a si mesma. E recordava do enunciado de Jesus quanto ao Consolador prometido: "Muita coisa que ainda não podeis supor, ele vos ensinará".

As horas avançavam lentamente e a madrugada incendiava o céu que se ruborizava aos raios do Sol nascente.

Oferecera-me para velar, atentamente, a nova companheira, tarefa a que doava os melhores cuidados. Do posto de observação, acompanhei as orações do nascente, invadida de doces consolações. A Natureza jamais me parecera tão bela e, dentro de mim mesma, coragem alentadora falava-me em promessas de ânimo.

A prece envolvia-me em brandas vibrações e a lembrança dos companheiros encarnados, que sempre me torturava, não dava amargo sabor naquele momento. Fitando as nuvens a galoparem além, não vi o momento em que o lúcido Adrião penetrara o recinto.

– Planejar o bem no futuro é viver o bem presente – falou-me, tocando-me o ombro, delicadamente.

Assustei-me e, ao fitar-lhe o rosto, não pude deixar de emocionar-me.

– Minha irmã – acrescentou –, Jesus é Vida e, como tal, deseja-nos ditosos e diligentes. A alegria é mensagem de saúde e paz. Rejubile-se, pois, com o Senhor e avance. Todas as grandes tarefas começam em longas jornadas de planificação mental. Hoje pensamos e amanhã realizamos. Mente e mãos, pensamento e ação, cérebro e coração na Obra de Deus, em favor da nossa redenção, eis o programa. Cristo é o Roteiro.

Ao ouvir o moço Adrião, eu sempre ficava extasiada, Escutando-o, retornava ao passado e evocava as preleções, através das quais fizera o meu ingresso na Doutrina da Consolação e da Esperança.

Nesse momento, a irmã Zélia chegou ao recinto e acercou-se de nós. Notamos que a enferma movimentava-se inquieta no leito.

Ergueu-se repentinamente com os olhos esgazeados pelo pavor, e pôs-se a gritar, com evidentes sinais de loucura:

– Os vampiros! Socorro! Perseguem-me os lobos! Acudam-me, por Deus!

Antes, porém, de atirar-se em disparada, já os nossos amigos dela se acercaram, detendo-a com palavras de conforto, enquanto Adrião lhe aplicava passes calmantes.

A custo repousou, embora inquieta, tremendo em soluços.

Notando-me a perturbação e o receio, o amigo tranquilizou-me:

– Mais tarde você compreenderá. No momento, ore e ajude!

Acalmada a doente, estabeleceu-se que às 20h, com auxílio do Dr. Cléofas, prestar-se-ia assistência mais específica.

19

INVIGILÂNCIA E SIMONIA

Aguardei a hora anunciada, mantendo a mente atenta às recomendações dos benfeitores quanto ao concurso da oração.

Quando soavam 20 horas, na noite plena, precedido pela irmã Zélia, Adrião e dois auxiliares, o Dr. Cléofas deu entrada em nossa enfermaria, aureolado da bondade que o caracterizava. O sorriso cândido brincava-lhe no rosto sereno, como no dia em que o conhecera, durante a minha aflição. O amor fraterno que se lhe derramava dos olhos inundava-nos de dúlcidas emoções, e indagações acotovelavam-se em meu Espírito ainda não esclarecido.

Depois das saudações gentis, sentamo-nos em volta do leito, enquanto o venerável médico paulista, em breves e significativas palavras, rogava a inspiração e a assistência do Médico Divino.

Atendendo a um olhar expressivo do diretor do trabalho socorrista, o prestimoso passista aproximou-se da sofredora inquieta, em sono movimentado, chamando-a pausadamente, com voz firme, na qual se misturavam ternura e ordem, bondade e energia.

A doente descerrou as pálpebras com um olhar mortiço em que vagavam recordações longínquas e dolorosas.

– Não receie! – disse o magnetizador. Confie em Jesus e tranquilize-se. É necessário despertar para a verdade, minha irmã, embora nos custe o pesado serviço de carregar o fardo dos nossos desencantos e de nossa irresponsabilidade. Esteja certa da vitória final do Bem, sobre todas as coisas incertas e dúbias.

Ante o olhar espantado da doente, que raciocinava vagarosamente, prosseguiu o prestimoso trabalhador:

– Não tente resistir. Entregue-se ao Senhor que muito nos ama e sob cuja direção há oportunidade para mil recomeços. Liberte-se do passado culposo e volte ao presente. Ouça-me atenta!

E como a pobrezinha ensaiasse desespero e pranto, a branda e enérgica voz do Dr. Cléofas animou-a:

– Tenha a certeza de que a Justiça não castiga impiedosamente, embora não olvide quantos a desrespeitam. Aos infratores, a Lei propicia recursos para a quitação oportuna, não favorecendo quantos a queiram infringir. Estão com o seu Espírito aflito os companheiros afeiçoados de ontem, aqueles mesmos que a conduziram à neblina da carne, amparando-a outra vez.

"Escute e recorde... Vamos recuar no tempo, rompa os elos que lhe detêm o pensamento nos últimos acontecimentos. Recue, Matilde... Recue... Não tema..."

A sofredora foi-se deixando conduzir, lentamente, pela voz amiga, e em breve mantinha o semblante sereno, como se agradáveis recordações inesperadamente voltassem à retina da memória.

O Dr. Cléofas aproximou-se do leito, e, tomando-lhe a destra umedecida de suor, concitou-a a um exame de atitudes que a levaram a tão rude fracasso, no mundo. E enquanto a magnetizada rememorava a existência, o compassivo orientador cientificou-nos:

– Invigilância! Eis o nome do "demônio" que venceu a candidata ao trabalho.

E, prosseguindo com sua habitual sabedoria, acrescentou:

– Matilde, após fracassos sucessivos, em reencarnações anteriores, retornou ao Orbe, decorridos dez anos de preparação em nossa escola, depois de arrancada de dolorosas regiões onde tombara.

"Fui informado, ainda, de que ao reencarnar conduzia consigo inestimável patrimônio de boas intenções, ansiosa pela sagrada dádiva do serviço ativo.

"Eis, porém, como retorna: andrajosa e aflita, com o patrimônio despedaçado qual ocorreu ao filho imprudente e incauto da Parábola Evangélica. Deduz-se que a boa vontade que conduzia ao viajar não representou vitória. Só o esforço sacrificial aplicado no campo da luta ajuda o Espírito a chegar à meta final, como único meio de crescimento."

Mal silenciou o lúcido instrutor, a doente clamou em desespero:

– Que querem de mim? Quem ousa justiçar-me, apresentando-me como criminosa vulgar? Que fiz para tão cruéis padecimentos? Quem são os meus verdugos a punir-me antes de pronunciada a minha pena? Onde estão?

– Não somos seus algozes, mas seus irmãos que se encontram muito longe da posição de juízes ou jurados e que se apresentam vestidos somente com a toga da piedade e calçados com o entendimento fraterno – respondeu o Dr. Cléofas, com bondade.

– Será este o Céu que me prometeram os Espíritos ou aqui é uma estação purgatorial, a Caminho de Celeste Morada? – indagou a enferma, com revolta.

– Matilde, minha irmã – retrucou o generoso esculápio –, o Céu vive em todos os lugares, conosco, quando o construímos na alma. Aqui não é o Céu, certamente, nem o Purgatório, nem o Inferno. É somente um posto de socorro hospitalar para recuperação de almas fracassadas na romagem do mundo, entre o Céu e a Terra...

– Alma fracassada? – inquiriu a albergada, com desespero, em pranto. Eu, fracassada? Não! Nunca! Deveria ser recebida com bênçãos de alegria. Quais os recursos de que dispus na Terra? Não cumpri, porventura, com os meus deveres mediúnicos? Onde os arquivos de notas de trabalho?

– Na consciência do trabalhador, irmãzinha – elucidou o interlocutor. Aqui não temos necessidade de anotações especiais, porquanto, cada candidato ao estágio recuperador transpira o aroma das atividades a que se entregou no plano físico. Os seus deveres mediúnicos ficaram à margem quando as relações sociais a convidaram ao parque ilusório dos triunfos mentirosos.

E, dando nova inflexão à voz, continuou, convicto:

– Mediunidade é, antes de tudo, sacrifício e renúncia incessante. Os que triunfam no mundo, aqui retornam como vencidos pelo mundo. Só os que realizam a vitória sobre si mesmos são aqui reconhecidos como triunfadores. Os mártires da Humanidade, a exemplo do Senhor Jesus, foram vencidos pelo mundo, vencendo o mundo.

“Não desejamos – prosseguiu o mensageiro da saúde – inquietar-lhe a alma com recordações penosas. Entretanto, é necessário recordar-lhe que mediunidade com Jesus é apostolado santificante, em nome da Caridade.

"Mediunidade é serviço. Serviço sem preço, sem retribuição.

"A prática mediúnica é singela. Veste-se de suaves cores sem complicações nem artifícios. A mediunidade não pertence ao médium. É patrimônio da Vida imperecível, talento emprestado ao jornaleiro para aplicação devida, que o transformará em valor inestimável.

"Não creia, filha, que mediante práticas exóticas e vulgares se tenha desincumbido da tarefa do auxílio fraterno."

E ante o silêncio da enferma, prosseguiu:

– Quando o interesse pessoal perturba a mente do medianeiro e a dignidade do sacerdócio cede lugar à bajulação e ao agrado, imprimindo novos rumos às atividades cristãs, compromissos de difícil liberação envolvem o incauto. E o seu caso é daqueles a que se pode aplicar o nome de *simonia*, cujas danosas consequências são ainda imprevisíveis.

A doente escutava, magnetizada. Exasperada, entretanto, pela retidão doutrinária do pensamento do interlocutor, gritou, desequilibrada:

– E o auxílio divino? Por que não me salvou na hora precisa? Onde o socorro dos guias espirituais, que me não advertiram com justas admoestações?

O esclarecido benfeitor, com humildade e compaixão, retrucou:

– Não lhe faltou jamais o concurso do Senhor, de mil modos. Muitas vezes, nós mesmos visitamos o seu reduto de trabalho e falamos em nome dos compromissos assumidos, à sua tela mental em desequilíbrio, seduzida pelas tentações da facilidade. No entanto, nossas instruções e inspirações eram recebidas com positivas dúvidas por você, então preocupada na solução de problemas triviais, de cônjuges e negócios, de amigos novos, portadores de bolsa polpuda que a visitavam...

– Todavia – afirmou com veemência e azedume a doente –, trabalhei *também de graça.*

– Não lhe desconhecemos a bondade e esta não tem sido esquecida – respondeu, com zelo e carinho. O nosso dever não é utilizar da vida para uso e gozo próprios. Temos deveres maiores...

E, mudando de tom, falou, algo humorado:

– Até agora o Senhor nos serve paciente, sem exigência, bondosamente, *de graça*. Não se deixe mais envolver pela teimosia, escondendo-se na presunção. Medite, Matilde! Desejamos ajudá-la em nome do Compreensivo Médium de Deus, nosso Modelo e Guia.

Houve um profundo silêncio, cortado por uma voz harmoniosa que, longe, entoava o cântico à noite, essa benfeitora constante.

Acometida de súbito transe de loucura, a pobre mulher gritou apavorada:

– Sou uma desgraçada... Sim, sou uma louca! Olhem os lobos! Socorro!... Os vampiros...

Foram aplicados novos recursos magnéticos por Adrião e os dois auxiliares que se encontravam postados ao lado do leito, atendendo prestimosos à irmã tresloucada.

– Por hoje não podemos fazer mais – explicou o médico. Nossa irmã está com a mente muito abalada, recordando as impressões *post mortem* vividas no *despenhadeiro do horror.* Aguardemos o tempo e entreguemo-la ao bonissimo coração da Mãe de Jesus, que tanto nos atende, e lhe ofertemos o nosso carinho.

Oração balsamizante, proferida pela sensibilidade da irmã Zélia, coroou a reunião.

20

Mediunidade fracassada

Naquela noite, demorei a conciliar o sono. O caso Matilde voltava-me à mente com frequência assustadora. Recordava-lhe as justificações e parecia escutar as palavras proferidas pelo médico. As expressões de advertência e despertamento, invigilância e simonia, atormentavam-me, escaldando-me o cérebro.

Que lhe teria ocorrido realmente? Quais práticas teriam sido aquelas aludidas pelo Dr. Cléofas? A quais vampiros se referia a infeliz? Seriam visões imaginativas ou experiências atormentadas que vivera?

Na manhã seguinte, quando a irmã Zélia veio visitar-nos, não pude sopitar por mais tempo a ansiedade de esclarecimentos e atirei-me à sua fonte de experiência. As palavras amigas não se fizeram demorar.

– Otília, todos os nossos atos – começou a informar –, bem como nossos pensamentos, são vitalizantes de realidades que se materializam ou se consomem. Pensar e agir são forças que marcam o Espírito. Por isso mesmo vivemos o que desejamos e sofremos o que geramos. Ninguém foge ao reajustamento. A carne é oportunidade; ninguém a malbaratará irresponsavelmente.

"Matilde, ligada à nossa Colônia por compromissos múltiplos, rogou o ministério da mediunidade como um náufrago implora batel salvador. Não era portadora de méritos que liberassem a solicitação. Todavia, atendendo-se a interferência superior e, considerando-se o valor da ocasião, foi-lhe outorgado o pedido, precedido de advertências, orientação e esclarecimento, permitindo-se-lhe um largo período de tempo para meditação acurada em torno do assunto.

"Em breve tempo retornava à carne sob a proteção de devotados amigos espirituais que a conduziram a abençoado lar, onde foram previstas necessidades financeiras a fim de guardá-la dos perigos da futilidade, e amparo com a dádiva da oportunidade de santificação no trabalho honesto, para a manutenção da vida física.

"A infância correu-lhe em paz, entre os jogos da inocência e as esperanças do futuro. Embora assistida por almas abnegadas, carregava compromissos que necessitavam ser resgatados, permanecendo ligada a afeiçoados de outrora que foram conduzidos a sérios crimes, por sua irresponsabilidade.

"Com a chegada da puberdade, enquanto o corpo se modelava ao amadurecer da mente que se dilatava no campo das recapitulações, a mediunidade desabrochou, abrindo-lhe as portas às interferências dos planos espirituais, começando para o seu Espírito, sedento de renovação, as primeiras grandes lutas.

"Os débitos do passado jungiam-na a obsessão secundária, sendo por isso conduzida a veneranda Instituição Espírita de Salvador, na Bahia, onde deveria ter lugar a sua iniciação doutrinária. Ali, em contato com o trabalho da Caridade ativa aos desencarnados, dilataram-se-lhe as possibilidades psíquicas e, sob a égide do Senhor, em breve emprestava a faculdade sonambúlica ao serviço de esclarecimento dos sofredores do Além-túmulo, concedendo, a alguns dos seus próprios algozes, ensejo de libertação.

"Atendida pela dedicação de amigos devotados ao trabalho que o Espiritismo concede a todos, não lhe faltaram, desde o início, diretrizes, carinho e socorro. Na tribuna do esclarecimento, na mesa de comunhão com o Alto, nos livros de estudo, na conduta dos diretores, estavam as bases para uma vida feliz, dignificante.

"Incessantemente, chegavam-lhe à mente orientação e roteiro, através das palavras inspiradoras dos instrutores maiores. Convites à humildade e advertências à vigilância não eram regateados, chegando-se-lhe ao pensamento com frequência..."

A narradora fez uma pausa longa. Parecia aprofundar o raciocínio na justeza da Lei, contemplando apiedada a enferma que dormia profundamente. Com carinho na voz, prosseguiu:

– (...) Apesar disso, com o desdobramento dos recursos mediúnicos, vieram os admiradores e, com eles, as tentações perigosas.

"Muitos que cercavam a candidata à renovação traziam angustiantes problemas do coração, rogando-lhe amparo e consolo. Os consulentes sucediam-se e as horas que Matilde deveria dedicar ao trabalho do lar, na sua condição de mulher humilde, aplicou, inadvertidamente, atendendo a apelantes que, embora cientes da Imortalidade, se recusavam a assistir ao Culto no Templo Espírita, por circunstâncias óbvias.

"Perdendo o patrimônio das horas de aquisição do alimento, no trabalho normal, viu-se constrangida, de um momento para outro, a aceitar doações e presentes que, embora filhos da amizade e da gratidão, conduziam veneno e ruína."

Aproveitando a nova pausa que se fizera naturalmente, inquiri, ansiosa:

– E os benfeitores espirituais não advertiram a médium, nessa hora tão significativa para sua vida?

– Evidentemente! – retrucou. Todavia, Matilde negava-se a ouvi-los, fascinada que se encontrava pela leviandade. Recordava as necessidades até então experimentadas e justificava-se, mentalmente. Repassava os problemas que lhe afligiam o ser, esquecida, certamente, de que a dor é mestra da vida, e murmurava: "– Afinal de contas estou trabalhando mais do que nunca, em favor dos aflitos, e a doação que recebo fica muito aquém dos benefícios que faço. Que mal existe nisso? Não fazem o mesmo os sacerdotes de outras crenças, que vivem da fé, com o auxílio dos religiosos?" Olvidava, enlouquecida que se encontrava, que o Espiritismo não pode ser comparado às *outras crenças*, porquanto é da Lei que *cada um coma o pão com o suor do seu rosto*. E, nesse sentido, o médium que não é um ser excepcional; sendo apenas um instrumento, nada pode receber, porque, quanto faz, procede sempre do Cristo e nunca dele mesmo. As advertências continuavam constantes, embora não ouvidas.

"Por sua vez, os Espíritos maléficos se utilizavam dos consulentes desavisados e estes a envolviam nas suas solicitações, compensando todo o trabalho com moedas e auxílios adquiridos muitas vezes na desonestidade e no crime que procuravam com habilidade acobertar."

E mudando o rumo da conversação, a benfeitora esclareceu:

– Um dos maiores inimigos dos médiuns está naqueles que buscam o intermediário, com problemas, procurando *consultas*. Ninguém pode resolver problemas de ninguém, especialmente por processos mediúnicos. Quem realmente se encontre angustiado, busque a Doutrina Espírita e esta lhe dará os instrumentos de solução, não, porém, o médium, porquanto este é, quase sempre, uma alma aflita, também avassalada por problemas, no trabalho de renovação.

E, voltando ao assunto básico da palestra, continuou:

– Atordoada, deslumbrava-se pelo alarido álacre das *novas e generosas afeições que lhe ofertavam o pão e a luz da felicidade na Terra.* Era necessário, meditava, afastar-se do Núcleo de trabalhos coletivos, onde ela se perdia na multidão, sem serem reconhecidos os seus *dotes mediúnicos*, para fazer a sua *CASA DE CARIDADE.* Além disso, arrematava, o número de pessoas que a procuravam era tão grande, que já não dispunha de tempo para procurar o Centro Espírita.

Dando novo rumo à exposição, a irmã Zélia aproveitou o ensejo para esclarecer-me:

– Quando, minha filha, um médium abandona o Grupo de estudos e sob justificáveis motivos (nem sempre justos) edifica o *seu* Centro de atividades ou permanece *trabalhando* em casa, encontra-se em grave perigo.

"O Centro Espírita é uma fortaleza, um abrigo. Quando lhe faltam os requisitos que seriam de desejar, o médium tem obrigação de cooperar ainda mais, entregar-se ao serviço mediúnico com devotamento e deixar aos mentores, que esclarecem e norteiam os companheiros, a tarefa de orientarem os diretores para a ordem, dentro das bases de Kardec e as sublimes lições de Jesus Cristo.

"Aliás, preocupa-nos constatar que os Espíritos infelizes se utilizam da invigilância de médiuns e doutrinadores, atualmente, dividindo, a seu bel prazer, os corações, criando, a cada dia, novos setores de trabalho em grupos, quase todos, da divisão, da vaidade e da pretensão.

– Foi o que aconteceu à médium, objeto de nossa conversação – retornei ao tema.

– Cheia de entusiasmo – continuou a narrativa – abriu *as portas do lar à caridade total*, como costumava expressar-se, iludindo-se terrivelmente. À medida que os favores humanos a cercavam, inacessível se tornava às vozes dos amigos espirituais.

"Cercada de *entidades* inoperantes e viciadas, com as quais afinava pelos pensamentos comuns, aturdida ante o volume de exigências da insaciável clientela sempre crescente, foi-se deixando, lentamente, conduzir pelas inspirações da desordem. Não desejando perder a posição granjeada de *pitonisa* moderna ou avalista de benefícios para almas, insensatamente se atirou a arrojadas aventuras no campo da Goécia, e envolveu-se nas malhas cruéis de perigosos labores que, por fim, a aniquilaram.

"Naturalmente, muitas vezes, quando a mente lhe ardia de inquietação, orava e, na doçura da prece, recordava o velho doutrinador de palavra sedutora e conduta salutar, deixando-se empolgar pelas lágrimas de saudade. Desejaria recomeçar, tornar aos dias idos, à necessidade de outrora. Mas, como? Tinha amigos (ou senhores inclementes?) a quem não se poderia furtar. Notava, desde há muito, a ausência das forças vitalizantes e, através das telas do pensamento, parecia descobrir entre espessas sombras uma forma hedionda a dominar-lhe o campo psíquico, arrastando-a e cingindo-a, empurrando-a para a frente escabrosa, com tenazes vigorosas.

"Torturada, exausta, adormecia sem forças de abandonar tudo e recomeçar, enquanto o tempo abençoava sua vida com oportunidades facilmente aproveitáveis.

"No dia seguinte, entretanto, já cedo, antes de refazer-se da noite mal dormida, os semblantes sorridentes dos necessitados – falsos doentes e aflitos ociosos – buscavam-lhe o concurso em pactos terríveis com os Espíritos da zombaria, da irresponsabilidade, do mal...

"Passaram-se os anos. Aos quarenta janeiros, Matilde era, em aparência e vitalidade, uma anciã. Os cabelos alvejavam rapidamente, os olhos cobriam-se de amargura e o coração ralava-se na angústia. Tinha conforto para o corpo – a que preço? – E muitas dores na alma.

"Alguns ainda a procuravam aflitamente. Desejavam lucros em negócios inescrupulosos, sorte em amores, regularização de compromissos e toda uma longa sorte de enganosas especulações. Outros, entretanto, maldiziam-na. O esquecimento de uns e a maledicência de outros a cruciavam.

"Lentamente a obsessão de outrora lhe retomou os centros neuropsíquicos e, numa noite de horror, enlouquecida, ateou fogo às vestes rasgadas e foi consumida pelas chamas, entre gargalhadas de pavor. Antes que qualquer recurso, por parte dos vizinhos, pudesse ser tentado, desencarnou, em circunstâncias apavorantes, lanceada no sentimento e fracassada na mediunidade."

Silenciou a amiga espiritual, e tomada de imensa piedade fitou a enferma que continuava a dormir com o semblante congestionado, como se fosse vítima de terríveis pesadelos.

21

Obsessão e suicídio

Eu permanecia perplexa, ao ouvir a narrativa lúcida e calma da sábia instrutora.

Verificava, a cada instante, que, em realidade, o fenômeno era exatamente esse, a suceder todos os dias, entre os homens conturbados, em face dos deveres santificantes que o Evangelho desvelado pelo Espiritismo aponta.

Estávamos a uma dezena de metros e ouvíamos os torturados suspiros da sofredora. Desejando novos esclarecimentos, indaguei, preocupada:

– Como teria despertado, além da cortina física? Em que condições atravessara a grande aduana?

A interlocutora, disposta a elucidar-me, ensaiando-me na sabedoria da Lei, respondeu, bondosa:

– Matilde foi, durante mais de quinze anos, devorada pelas dores do suicídio...

– Suicídio? – Interrompi, alarmada.

– Como não? – Redarguiu.

– Mas não se encontrava louca? – aventei, aturdida – perseguida pelos gênios titânicos que a arrastaram à desencarnação?

– Sim – concordou. Muito embora a sua situação mental constitua-se um significativo atenuante, é necessário não esquecermos de que a mente do médium jamais esteve sem o amparo divino. Se houve influenciação maléfica, a intermediária é a única responsável pelo descaso à Lei e ao dever. Todos os fatos posteriores a um desequilíbrio são decorrentes do desequilíbrio. No caso, a loucura foi uma consequência natural da fuga ao dever nobilitante. Quando nos atiramos a um abismo, não sofremos apenas a deslocação do corpo com o movimento, mas, também, a queda e as dores advindas desta. Compreendeu?

– Certamente –, concordei.

– A Justiça Divina – prosseguiu, esclarecendo – é perfeita e a Lei é imutável. Durante os anos de lutas acerbas, quando sua mente, no despenhadeiro da loucura, conseguia pausas para a coordenação das ideias, era assaltada pelos gênios infernais a que se ligara. Recordava aqueles amigos que ainda se demoravam na carne e que, de certo modo, foram os causadores da sua infelicidade, propiciando a fuga aos compromissos elevados junto ao altar do dever.

"O pensamento desequilibrado era toldado, então, pelo ódio e, rompendo espaços, ia ao encontro dos encarnados que, irresponsáveis, continuavam nos jogos da carne, entre as futilidades do caminho. Tão frequentes se tornaram as recordações que a enferma passou a transmitir, inconscientemente, as vibrações de que era portadora e que funcionavam nos antigos consulentes como pensamentos angustiados, pesadelos e inquietações em perfeitas afinidades.

– Oh, céus! – exclamei.

– Não há porque estranhar – retrucou-me a esclarecida orientadora. E, prosseguindo, elucidou:

– As ações são agentes poderosos no intercâmbio psíquico. Os erros e crimes de toda ordem ligam os seus servidores em elos vigorosos, feitos dos elementos mentais alimentados pelas vibrações constantes que os imantam. Caídos e derrubadores permanecem ligados pela responsabilidade: vítima–algoz.

"E não poderia ser diferente. Quantos contribuíram inicialmente para a ruína moral da médium, são coautores da tragédia que arrastou a invigilante.

"Todos guardamos a ideia do Bem e da Dignidade. Usar deliberadamente essa mensagem da vida acarreta-nos, como se pode facilmente depreender, os sucessos ou insucessos desse uso bom ou mau..."

Estava profundamente preocupada. O esclarecimento é luz de responsabilidade. Saber significa também sofrer o que já se fez. Meditando, entendi melhor o enunciado do Senhor: "– a cada um será dado segundo as suas obras".

– Essas são as malhas do crime – referiu-se a irmã Zélia. Depois de atadas envolvem os criminosos e os punem até o momento em que a renovação se delineia alvissareira.

– E, agora – indaguei, penalizada –, que acontecerá à pobre asilada?

– Não lhe faltarão o auxílio e o amor – respondeu, calma – em nome do Grande Amor de todos os amores. Todavia, só o tempo, infatigável burilador, poderá responder. Aguardemos e aprendamos. Restituiremos tudo quanto dilapidarmos na inconsciência e na ilusão.

Abraçando-me cordialmente, benfeitora concluiu:

– Usemos o tempo e agradeçamos à dor. A árvore podada reúne as energias e volta a dilatar-se em vergônteas novas, resistindo às intempéries e voltando a dar sombra, flores e frutos. Dos seus ramos cortados nascem utensílios pela mão hábil do marceneiro.

E num sorriso, levemente sombreado de melancolia, afastou-se em busca dos misteres sagrados, informando, ainda:

– Concluída a assistência mais urgente, Matilde será conduzida para as câmaras de retificação, onde será beneficiada, lentamente.

Fitei a albergada. Dormia inquieta, sobraçando a própria aflição.

Eis ali um exemplo dos milhares que a Terra guarda no seu dourado bojo de ilusões. Quantos outros corações, companheiros de mediunidade, não estariam construindo a dor, entre os cipós enganosos das tentações, para expungi-los mais tarde, no Grande Amanhã?! – pensava, intrigada.

A noite mergulhada em silêncio deixava-se abrilhantar com os lampejos das estrelas, confabulando mensagens de paz. Soaram as vinte e duas horas. Não podia dormir. Após acontecimentos de tal natureza, ficava em vigília; não conseguia dormir. Saí ao jardim. O vento perfumado roçou-me o rosto que, sem que eu o percebesse, estava molhado de pranto.

Quão pouco meditara na Terra! Mais uma vez constatava a habilidade com que malbaratara o tempo na inutilidade. Os problemas do corpo haviam recebido melhor assistência. Agora sofria as consequências. Recordando, não saberia explicar como gastara quase cinquenta anos, na vida física, intercalados somente por raros minutos de espiritualidade, nessa metade de século.

Como me fora possível viver tanto tempo banhada pela crença e tão sem comunhão com a *fé*?

No momento, o acurado exame de todos os atos, a observação e guarda de palavras sábias ensejavam-me um mundo real, como jamais pudera imaginar. Ansiedade incontida crescia-me n'alma, gritando-me a necessidade de dizer-te, minha filha, todas estas experiências e alertar os companheiros encarnados com quem privara, quanto às realidades além da morte. Lembrava-me, porém, do Mestre Jesus que há tanto esclarecera o homem e não fora devidamente compreendido; do Espiritismo, menosprezado por uns e ridicularizado por outros, balsamizante e consolador, desrespeitado até mesmo por aqueles que o dizem desposar, mas que não vivem de molde a atestar essas núpcias, nas relações humanas, e me quedava amargurada. Lembrava-me de que a evolução alcançará todos os seres, e que, à semelhança do que a mim mesma ocorrera, todos, em ocasião justa, transporiam igualmente a grande porta, despertando, enfim.

Mas – por que não dizer? – o carinho humano e a afeição pessoal murmuravam-me: não seria lícito e justo que falasses aos teus amados, àqueles que confiam e esperam nas lides espiritistas? Talvez recebessem teus enunciados com orvalho lacrimal de emoção e como teu testamento fraterno de carinho.

Simultaneamente, recordava o lúcido esclarecimento do instrutor Ícaro: "...não esqueçam de que Deus é Pai zeloso e Seu Amor se distende *igualmente*, por todos...", falando no Templo de Orações àqueles que ensejavam enviar notícias aos que ficaram no labirinto da matéria.

Evocava que, noutro ensejo, ouvira observações em torno da obsessão como causa essencial do suicídio. E ficara surpresa ante as elucidações, porquanto, em verdade, todo obsidiado que se deixou arrastar ao desequilíbrio psíquico, por invigilância, é igualmente um suicida, desde que descuida do precioso vaso da carne, diminuindo-lhe a resistência e abreviando-lhe a caminhada.

Mas os conflitos que me assaltavam eram muitos.

Quantas vezes, eu mesma, com emoção e piedade, ouvira as manifestações psicofônicas de almas torturadas e mais não fizera do que balbuciar uma rápida oração intercessória! Não se repetiria agora o mesmo fenômeno caso conseguisse o ensejo de um breve colóquio com os irmãos encarnados? A situação permanecia a mesma para eles, como fora para mim, antes da desencarnação. Mudara somente para a minha alma.

Era, pois, imprescindível esperar e, sobretudo, confiar.

A saudade, no entanto, dilacerava-me. A necessidade, minha filha, de falar-te, o anseio de retornar ao nosso lar, rever os amores da retaguarda, angustiavam-me. Rogaria permissão à irmã Zélia, logo se me ensejasse ocasião. Confiaria ao futuro a minha ansiedade.

22

Castigo ao crime

Entre os companheiros de enfermaria, Clélia, a jovem epiléptica, era uma das internadas a quem muito me afeiçoara. O seu rosto cândido e pálido, quase infantil, banhado por permanente nostalgia, falava-me muito à ternura.

Sempre que me encontrava a serviço na limpeza, demorava-me a fitá-la. E sempre que dispunha de alguns minutos de repouso, aproximava-me do seu leito, procurando ser-lhe útil e animando-a com promessas de felicidade e júbilo. Entretanto, por mais insistisse, a jovem permanecia mergulhada em si mesma, qual pérola engastada no imo de concha consistente.

Intrigada e compungida, no ensejo mais próprio roguei ao administrador Aurélio, que nos visitava quase diariamente, esclarecimentos que me favorecessem com as possibilidades de auxiliar com mais eficiência.

– É um caso típico – disse-me – de *castigo ao crime*. Ninguém malbaratará a existência na carne, desrespeitando o vaso físico e fugindo depois à Justiça. Na Terra, ainda é possível guardar-se o crime em mil malhas e escapar à Lei. Todavia, nenhum criminoso, por mais se adie o instante da reparação, escapará ao despertar da consciência, em qualquer tempo ou lugar, em nome da Verdade.

"O crime, conhecido pela velha sabedoria como *sombra que persegue a alma*, faz se encontrem, no mundo espiritual, vítimas e algozes, na mesma trajetória. Por essa razão, a carne é uma bênção para a alma, pelas concessões que faculta: esquecimento temporário do passado, oportunidade de recomeço, ensejo de recuperação, campo de abençoadas disciplinas, sendo a Terra a oficina-escola onde aprendemos a construir o barco da felicidade.

"O Espírito encarnado pode ser comparado a corpo volátil em vasilhame fechado. Tem ação limitada e não sofre influências externas violentamente. Desencarnado, porém, é como ácido livre a expandir-se, combinando-se com similares e misturando-se a eles. Reencontros, reajustamentos negligenciados, dívidas não resgatadas, remorsos candentes..."

E após breve silêncio:

– É o caso de Clélia. Guarda consigo um terrível drama, como nós mesmos, quando aqui aportamos, a pedir silenciosamente auxílio e entendimento. Ajude-a como puder.

Compreendi a delicadeza e discrição do nosso administrador e sopitei o desejo de conhecer-lhe o labirinto de dor.

Busquei, desde então, cercá-la de orações e mais ternura, animando-a ainda mais e falando-lhe do Paternal Carinho de Deus, mostrando-lhe, enfim, que o passado está inevitavelmente conosco, com todo o caudal de consequências a rogar-nos ânimo e refazimento.

Todavia, mais do que palavras e compaixão, a doente necessitava do amor que gera entendimento fraterno e compreensão. Para que se possa auxiliar devidamente é imprescindível amar. Muitas escolas e organizações terrenas estão cheias de expoentes da palavra e de intercessores piedosos; no entanto, bem poucos se encontram cheios de amor para doar. Assim, as palavras são mortas, porquanto é inoperante todo conselho que não carrega o selo do entendimento e da caridade.

Dispus-me a ver, na delicada sofredora, não somente a irmã, mas também a filha do coração que necessitava de alguém.

Com o passar do tempo, a fonte do sentimento encarregou-se de transformar o meu cuidado em acendrada ternura e, não raro, juntas, permutávamos nossas recordações sob emoção incoercível.

Clélia procedia de respeitável família paulistana, em cujo seio vivera quase cinco lustros.

Encarnara com graves problemas espirituais no lado afetivo, devendo demorar-se na honradez e na humildade para atrair os familiares à senda do entendimento da qual se afastaram desde priscas eras.

Bela e frágil, cedo se constituiu o centro de interesse dos familiares e dos amigos alegres que lhe invejavam a beleza suave e as qualidades de inteligência a se aformosearem, cada vez mais, com eméritos professores encarregados da sua formação cultural. Sorria-lhe a vida entre venturas e promessas de felicidade. No entanto, não se sentia feliz. Constantemente era presa de tormentosa tristeza que carregava de dor o solar imenso onde residia. Sentia-se presa a recordações dolorosas que se acentuavam quando em estado depressivo, como se vivesse a evocar pavoroso passado, perdido em brumas e sombras. E nesses estados, invariavelmente era acometida de desmaios imprevistos, despertando banhada de suores, sob atrozes padecimentos.

Consultados, os especialistas atestavam cansaço mental, necessidade de espairecimento, recreios... Passada a crise, só a lembrança dolorosa, como imagem de sonho a diluir-se, e ela permanecia angustiada, até quando os deveres voltavam a povoar-lhe a mente, tomando-lhe a atenção. *Algo*, porém, seguia-a frequentemente, como um receio ou uma premonição fantasmagórica.

Aos 22 anos, conheceu um jovem de procedência humilde, filho de imigrantes – Carlo –, que a sensibilizou de imediato. Fascinada pelos encantos físicos do moço que servia numa das organizações da família dela, não se receou de animar um romance que prenunciava, de início, consequências graves.

Todavia, apesar de reconhecer os obstáculos que surgiriam para a concretização de uma aliança feliz, não podia esquecer o homem que a arrebatava.

Nessa ocasião, os estados angustiantes aumentaram, conduziram-na ao leito, para dissabor geral.

Acreditando que o agravamento da enfermidade tivesse origem na excitação, fruto do romance que ocultava, resolveu falar à mãe, aconselhando-se. Na primeira ocasião, em pranto, narrou-lhe a sua aflição e, ante o espanto materno, compreendeu que jamais experimentaria a felicidade que ansiava, ao lado do amado, o que, logo após, pôde positivar.

Passados alguns dias, a conselho médico, seguiu para a França, a repousar nas águas famosas de Vichy, onde certamente se beneficiaria.

Seis longos e tristes meses permaneceu no Velho Continente sob cuidados médicos e desvelos maternos, visitando cidades, demorando-se junto aos famosos lagos e montes da Suíça e nas ensoladaras praias da Riviera.

Por mais tentasse esquecer o jovem, não o conseguia; deixando-se lentamente consumir pelas vorazes labaredas de desenfreada paixão que arquitetava planos macabros quando do retorno.

Carlo, entretanto, dissipador e ingrato, reconhecendo a afeição da filha do patrão, aguardava somente que lhe abrissem as portas de acesso à fortuna e ao poder. Esperava assim, a volta da inexperiente menina.

Acreditando esquecido o romance da filha, Madame M. retornou à Pauliceia, acompanhada da jovem que parecia aparentemente recuperada, embora conservasse os sinais habituais da melancolia.

No imo da moça, o vulcão do desenfreado amor não se apagara. Ao contrário, rugia violento.

Retornando, tentou logo um encontro com o moço amado e, em breve, irresponsável, entregou-lhe o corpo, como se assim testemunhasse a afeição de que se encontrava possuída.

No lar tudo corria feliz...

Algum tempo depois Clélia começou a sentir alarmantes sinais... Consultou, incógnita, famoso ginecologista. A resposta aniquilou-a: ia ser mãe.

Retornou-lhe a inquietação, a necessidade de libertar-se do filho não solicitado. Veio à lembrança a honra da família, a vergonha... Como se a desonra se constituísse, apenas, do conhecimento público da falta e não do ato praticado.

Nas visões desordenadas que passou a experimentar, agora mais do que antes, obsidiavam-na vozes de alguém, ensanguentado, a rogar-lhe piedade e socorro. A visão hedionda suplicava-lhe a oportunidade de renascimento, a bênção da vida. Despertava, subitamente, banhada de suores frios, com a ideia fixa, porém, do crime planejado.

Ao terceiro mês de gestação, assalariando hábil especialista da grande cidade, libertou-se do débil corpo e, após algum repouso na casa de campo, voltou ao convívio social.

As crises, então identificadas como epilepsia, repetiam-se amiúde, abatendo-a e apresentando sinais de enfermidade mais grave. Durante os acessos que se alongavam qual pesadelo cruel, voltava-lhe à mente congestionada o extirpamento do filho que, aos seus olhos, crescia e se transformava numa visão tenebrosa, como implacável algoz a apontar-lhe o corpo retalhado, clamando em convulsões terrificantes: "– Vingança! Vindita!", pondo-se a persegui-la até o total mergulhar nas águas escuras do desfalecimento.

Decorridos quase catorze meses do atentado, já não podia mais sequer erguer-se do leito. A tuberculose, que a minava lenta e cruelmente, tomou vulto ameaçador, devorando-lhe as últimas energias do organismo combalido.

A este tempo, acidentado na via pública, após uma noite de libações, Carlo desencarnava no Pronto-Socorro, sem saber do estado daquela que tanto o amava.

Três dias depois, Clélia fez igualmente a grande viagem, ignorante da tragédia ocorrida com o seu amado.

Cercada do carinho do mundo, recebeu flores, sepultamento honroso, lágrimas, adeuses e ofícios fúnebres.

Ninguém lhe soube o segredo nem o crime.

Quando despertou no sepulcro lodoso onde se lhe decompunha o corpo, viu ao seu lado o fantasma ensanguentado, como nos pesadelos anteriores. Ao tentar fugir, a forma grotesca ergueu-se e aqueles pedaços, como se fossem emendados, celeremente avançaram com mãos crispadas em direção à sua garganta, estrangulando-a impiedosamente. O estupor impediu-a de qualquer movimento. Horrorizada, escutou a narrativa dos seus crimes do ontem remoto e próximo, e foi cientificada de sua desencarnação, enquanto aquelas tenazes cruéis a asfixiavam demoradamente.

Tremiam-lhe todas as fibras e o coração arritmado parecia arrebentar-se. Tinha a impressão de que logo sucumbiria. Ao aflorar à mente tal ideia, a mesma voz cavernosa lhe gritou: " Estás morta... Isto é a morte... É o fim...". E apontava-lhe dominador, os despojos em lama, naquele triste recinto.

Olhando, aparvalhada, em derredor, verificou que seus pés se encontravam atados às carnes a se desmancharem, enquanto forte liame cinzento a ligava à cabeça inerte, deitada no esquife sedoso.

Angústia indescritível tomou-a de inopino. Era uma morta-viva no inferno.

As lembranças das narrativas religiosas, a que se ligara na Terra, surgiram, tomando corpo, apresentando figuras demoníacas que a torturavam até à exaustão.

Os anos correram-lhe lentos e lúgubres, até quando, não saberia informar, foi conduzida ao nosso plano sob a piedade de Jesus Cristo.

Embora esclarecida sobre a própria enfermidade, tinha, através dos anos, longa estrada reparadora a percorrer.

Libertada da perturbação do desafeto, retornava psiquicamente, com frequência, às recordações plasmadas na retina da memória, e as crises, de quando em quando, recrudesciam.

O filho rejeitado, motivo indireto da sua desencarnação, era a mesma alma ferida de antes, que voltava ao seio materno para o reajustamento e a orientação. Com a reação descontrolada, entretanto, do seu caráter fraco, adiara injustificavelmente a reabilitação, cavando um abismo de lágrimas e sangue, enfermidade e dor para o futuro.

*

Oh! minha filha. No caminho da carne encontramos, a cada instante, edificações, aprimoramento e libertação esperando por nós. Não desprezes a contribuição do sofrimento na tua marcha, em busca da Verdade. Serve-te da doação provacional com a mesma avidez e o reconhecimento com que o sedento recebe o copo d'água fria.

As provações, conforme ensinaram os Espíritos do Senhor ao preclaro codificador, na resposta à pergunta 266, de *O Livro dos Espíritos,* são frutos de uma escolha. Quando o Espírito "*se desliga da matéria, cessa toda ilusão e outra passa a ser sua maneira de pensar*", preferindo, por isso mesmo, as mais dolorosas. Porque, comenta o sábio lionês: "*Sob a influência das ideias carnais, o homem, na Terra, só vê das provas o lado penoso. Tal a razão de lhe parecer natural sejam escolhidas as que, do seu ponto de vista, podem coexistir com os gozos materiais. Na vida espiritual, porém, compara esses gozos fugazes e grosseiros com a inalterável felicidade que lhe é dado entrever e desde logo nenhuma impressão mais lhe causam os passageiros sofrimentos terrenos...*".

Abençoada é, pois, a lágrima que rola no silêncio da noite, quando a renúncia e a esperança envolvem o coração!

Enquanto nos demoramos a querer o mundo a golpes de ambição desequilibrada, alongando efêmera ilusão da felicidade pela posse ou pelo círculo de afetos, retardamos a ocasião da ventura legítima.

Todos reclamam quando sofrem e muitos deblateram. As casas religiosas apinham-se de crentes que mais buscam a libertação dos problemas através de concessões indébitas, que propriamente solução aos problemas pelo trabalho sacrificial. Tornam-se negociantes da felicidade. Compram a paz com a prece rápida e o semblante falsamente pungido, enganando-se, positivamente.

As concessões do Céu são misericórdia de acréscimo em favor da nossa debilitada esperança.

A quantos sofrem na escalada evolutiva, digo: bom ânimo! Muito mais vale sofrer do que fazer sofrer; resgatar para ser livre; evoluir para ajudar. Na vanguarda ou na retaguarda, há muitos amores contando conosco. Os que seguem à frente, amparam-nos e inspiram-nos; os que seguem atrás, rogam auxílio e confiam em nós.

Conquistemos, assim, para doar; ascendamos para socorrer; redimamo-nos para salvar.

Jesus e nós, nós e o próximo. O caminho é o mesmo para o oásis bonançoso. Sigamos!

23

DITOSO ENCONTRO

Os dias sucediam-se cheios de ensinamentos. Quando, depois de grande período de cegueira, voltamos a enxergar, ficamos deslumbrados com a beleza da visão e nos quedamos extasiados. Os cenários mais conhecidos apresentam novos motivos e detalhes que antes não foram percebidos, mas agora nos convidam a meticuloso exame e acurada observação. Em relação à alma que regressa à Pátria espiritual o fenômeno é o mesmo.

A natureza que envolve o Educandário-Hospitalar de nossa Colônia, muito semelhante à paisagem terrena, diversifica-se somente pela exuberância de cores e o aformoseamento mais cuidado do ambiente. É que a visão ampliada favorece a observação. Mesmo na Terra, quantas vezes passamos por verdejante campina sem dar-lhe a menor atenção? Não são muitos os homens que se deixam extasiar por um crepúsculo, na quadra da primavera, ou por uma noite enluarada, nos meses de verão.

Com os olhos cobertos de tristeza, na jornada da carne, o homem tudo vê triste. No entanto, o Senhor povoou a habitação terrena com maravilhas deslumbrantes para encanto e felicidade dos Espíritos em jornadas.

Em nossa esfera, porém, fascinados pela ânsia de crescer, evoluir e reparar, a Natureza é mensagem de constante harmonia, sublimando a saudade, concitando ao alento e felicitando o coração.

Com o concurso do trabalho, as lembranças pouco felizes deslizam da mente e mergulham no dever, impelidas pelas necessidades de renovação íntima.

No meu segundo aniversário de desencarnação, fui surpreendida com uma notícia feliz, a mim trazida pelo desvelado amigo Adrião: ia receber a visita de mamãe.

Tão grande foi a minha emoção que pensei ser vítima de um vágado. Esfogueteamento inesperado tomou-me a face, que se banhou de suor, e a mente retornou aos antigos sítios.

Recordava-me do coração materno com saudade e gratidão. Aquela figura alta de mulher humilde, acostumada ao sofrimento e à privação, que tanto se martirizara pelos filhos, novamente me voltou ao Espírito.

Em minhas indagações mudas, habitualmente buscava-a por meio dos colóquios da prece. Onde estaria? Qual a sua situação? Seria feliz? Ainda estaria desencarnada ou já teria voltado à crosta terrestre. Onde?...

Saber, no entanto, que iria recebê-la, apesar da indigência que eu carregava comigo, constituía uma ventura, minha filha, que te não posso descrever.

O dia parecia não passar, embora os trabalhos normais me preenchessem as horas. Encontrar-nos-íamos às 22h, no jardim da enfermaria, residência onde me hospedava.

Quando a noite desceu, procurei repassar mentalmente os fatos da minha vida na Terra, e, embora emocionada, perturbava-me a lembrança de que carregava mãos vazias ao ter de apresentar-me à mamãe. Se me perguntasse que fizera da existência física com que Deus me presenteara, através da sua renúncia e da sua carne, que lhe responderia eu? Maquinalmente recordava a lição de *O Evangelho segundo o Espiritismo,* no que diz respeito ao desvelo dos filhos para com os pais.[8] Afligia-me a lembrança de quantos sofrimentos causara à alma bondosa e simples, e o remorso acudiu-me ao chamado.

À hora aprazada, acompanhada da irmã Zélia, deu entrada no pequeno jardim aquela que agora, mais do que nunca, era uma felicidade para a minha alma. Procurei conter as lágrimas, sem o conseguir, porém. Vestia-se de branco tecido leve e notei quanto estava bela. Sorria como outrora, sorriso misturado à mesma tristeza enigmática. Seus olhos grandes brilhavam também, banhados de lágrimas. Abraçamo-nos demoradamente e todo um turbilhão de aflição que trazia comigo desatou em copioso pranto. Sentia-me pequena, outra vez, nos seus joelhos, à porta de nossa casinha humílima, sem palavras, sem raciocínio, sem indagações. A grande saudade tinha sede de repouso, e, por mais desejasse falar, a palavra estrangulada na garganta não se fazia ouvida.

– Agradeçamos, minha filha, ao Senhor Jesus – foram as suas primeiras palavras –, a felicidade imerecida desta hora.

– Mamãe! – eis quanto pude dizer.

Sua palavra clara, misturada a uma imensa ternura, fez-me relato ameno das suas atuais tarefas, bem como das lutas que precederam aquela hora, louvando o Mestre. Bendizia a extrema pobreza, as superlativas aflições e toda sorte de desgostos e abandonos que experimentara, funcionando como ensinamento corretivo e equilibrante para o seu Espírito.

[8] Cap. XIV Piedade filial (nota da autora espiritual).

A Terra fora-lhe abençoada escola de redenção, em cujo seio aprendera a lição brilhante do sofrimento, reparando antigos desmandos. Desejava retornar, outra vez, para recomeçar; todavia, no momento não lhe era possível. Papai retornara já e encontrava-se na estância de abençoadas retificações...

Informou-me estar cooperando na Crosta com as equipes espirituais que ajudam os ébrios, na tarefa de libertação dos vampiros, atendendo, igualmente, aos implacáveis perseguidores. Por essa razão e por outros impositivos não me pudera visitar anteriormente, apesar do seu grande desejo. Estivera comigo nos primeiros minutos, após a minha desencarnação e enquanto hospitalizada, na fase mais difícil da libertação física. Eu não a percebera, entretanto.

A querida Zélia seguia o nosso colóquio com acentuado interesse fraternal. Opinava, esclarecia, ajuntava anotações, sempre que oportuno.

O tempo escoava célere.

Desejava indagar, apresentar a minha felicidade e as minhas inquietações. Mas antes de fazê-lo, a voz materna confidenciou-me:

– Filha, o tempo é precioso tesouro do Banco Divino. Não podemos malbaratá-lo em expressões ocas de júbilo inoperante nem com frases pessimistas de sofrimentos inexistentes. Rendamos graças, incessantemente, e avancemos. Estou informada das suas novas responsabilidades e exulto com o mais puro contentamento. O verbo mais simpático para nós conjugarmos, no momento, é o REPARAR.

A alva banhava de claridade o promontório a distância. Estivemos juntas mais de seis horas consecutivas. Chegava o momento das despedidas.

– Estaremos juntas pelo pensamento e ligadas pelos deveres no campo do Bem – falou mamãe. Reencontrar-nos-emos sempre que as nossas tarefas nos permitam. Trabalhe, renove-se e persevere no caminho sacrossanto do auxílio. Não poupe esforços nem sacrifícios. A moeda do amor é de difícil aquisição, filha, não esqueça.

Abraçamo-nos e novas emoções nos tomaram a ambas. Além acenaram, irmã Zélia e mamãe, banhadas da luz nascente da madrugada.

Não me pude recolher. Continuei no banco onde nos demoramos, recapitulando, recordando...

Realmente o dia começa com a alva. Era necessário começasse o meu novo dia.

Lembrei-me, então, de ti, minha filha, na caminhada dos homens, e compreendi que necessitava crescer e desdobrar-me. Jesus convidava-me, em silêncio, a seguir o rumo do sacrifício.

Aspirei o ar balsâmico da manhã e pousei os olhos no disco solar. Delicada melodia varria a natureza. Seria externa ou era apenas a música de recolhimento e gratidão que o meu coração cantava?

24
Boas-Novas

Aesse tempo fora lotada na equipe daqueles que aplicavam passes a recém-desencarnados. As lições aprendidas com Adrião, junto ao leito de Clélia, abriram-me as portas às possibilidades do auxílio, como jamais poderia supor antes.

Com o carinho do Dr. Cléofas, que me incluiu entre os seus auxiliares, fui lentamente aprendendo novos métodos de assistência através dos recursos do passe magnético, compreendendo o largo campo de socorro que temos ao alcance e de que raramente fazemos uso.

Compreendi que a condição essencial para o passe é o amor puro e desinteressado, ligado ao espírito de renúncia e confiança nas dadivosas *Fontes da Energia.*

Aquele que perder a vida, ganhá-la-á – informou o Mestre. E o conceito do Divino Instrutor pode ser aplicado no mister passista, quando se vai a Seu serviço atender a quem sofre. O desejo de dar-se, de *perder a vida* para que outros sejam felizes, concede a vida plena ao doador e ao beneficiado.

Diariamente, ao lado do dedicado benfeitor, junto aos recém-chegados, colhia informações preciosas das malogradas experiências na carne. Verificava que na grande travessia, entre os homens, a grande maioria era colhida pelas tormentas do passado, incidindo nos mesmos desequilíbrios para cuja libertação reencarnaram. Aprendi que as ideias que mais perturbam e as coisas que mais influenciam devem ser vencidas a qualquer preço de dor. Carregamos na mente os valores do ontem que nos continuam a subjugar, conduzindo-nos a desmandos.

O amor selvagem, o desequilíbrio alimentar, o álcool, a cólera, o orgulho e o egoísmo eram os grandes responsáveis pela libertação precipitada das almas. Eles respondiam pela larga cópia de crimes no Orbe e pelos dolorosos estados de horror e loucura após a cortina tumular.

Constatei, muitas vezes, que o excesso de comida conduz maior número de almas à morte do que a carência de alimento.

A paixão criminosa da posse apresentava grande índice de desequilibrados que, irracionalizados, se atiravam aos desvãos cruéis do anarquismo de toda ordem. E por detrás de todos esses tremendos insucessos estavam os débitos de ontem, ligando almas a almas, erros a reparações frustradas, algozes a sicários, em atritos continuados. E concluía que Jesus, dois mil anos depois de ter estado entre os homens, continuava ignorado.

Tão fácil e clara afigurava-se-me a Sua Doutrina, agora:

"Perdoar setenta vezes sete;

Amar os inimigos;

Desculpar os caluniadores;

Marchar dois mil passos junto a quem nos pede uma caminhada de mil;

Ignorar o mau e tolerar-lhe os males;

Dar também a túnica àquele que pede a manta..."

Recordava-me, filha minha, quantas vezes eu própria desrespeitava esse Código singelo e expressivo! Quantas quedas marcaram a minha alma por desatenção a essa preciosa síntese. E o orgulho, o egoísmo e a ira eram os responsáveis pela desatenção. Inimigo multimilenar de nossa integração no roteiro fraternista, o "eu" governa multidões e estilhaça corações. O impacto da sua carga aniquila expressões valorosas de respeitáveis promessas.

"Aquele que quiser vir após mim – ensinou o Mestre – renuncie-se a si mesmo, tome a sua Cruz e siga-me". Desde a infância, habituamo-nos a ouvir essa luminescente advertência, no entanto... Eis os resultados em toda parte.

A Terra era a abençoada promessa para a imortalidade vitoriosa de todos; no entanto, a multidão que chegava à Colônia, diariamente, mais se parecia a malogrados navegadores, colhidos por vendaval imprevisto. As câmaras reservadas à loucura apinhavam-se, constituindo motivo de preocupação aos mensageiros da paz, na administração da Casa, consoante me informara o bondoso médico.

Os hipnotizados, em hibernação mental, enchiam várias enfermarias, guardando a *fácies* marcada pelos horrores dos últimos dias na carne e os primeiros no Além, sob o acicate impiedoso dos adversários intransigentes. Assemelhavam-se a mortos-vivos, mumificados, nos quais somente a débil respiração assinalava a presença da vida. Noutras horas, sob o benefício da prece e do passe, pareciam despertar, olhar esgazeado, estampando no rosto o pavor, monossilabando com dificuldade de articulação sons incompreensíveis, para recaírem na mesma prostração de antes.

Era como um infinito desfilar de destroçados por guerra horrenda.

Dedicados cooperadores revezavam-se nos socorros entre orações e auxílios de toda ordem, a cujo grupo fui incorporada, feliz e ansiosa da renovação íntima que se fazia inadiável.

Decorriam já três anos da minha desencarnação, quando a querida Zélia me acenou com a possibilidade de um retorno ao lar terreno, em visita, por oito dias, fazendo parte de um grupo de companheiros sob a sua orientação, voltando ao seio das famílias.

Não me podia conter de expectativa e ansiedade. Sabia não merecer essa desejada bênção. Vários amigos novos explicaram-me, anteriormente, as dificuldades de conseguir-se ensejo para reencontros na crosta terrena. Ante essa promessa, não me podia dominar, visitada a todo instante pelo júbilo e pela emoção.

Depois de estafante tarefa de socorro a acidentados de estrada de ferro, recolhidos à nossa Colônia, a amiga espiritual informou-me que, no dia seguinte, quarta-feira, às 19h30, eu retornaria ao lar, em programa de visita. Lembrei-me de que sempre escutava a tua voz, orando com meus netinhos, no Culto Doméstico do Evangelho, nos dias de quarta-feira. Sem conter a própria felicidade, osculei as mãos da benfeitora, que sorriu feliz, deixando-me a conjeturar.

No dia aprazado, após os labores habituais, reunimo-nos no Templo, e a irmã Zélia esclareceu:

– Fomos agraciados com o feliz ensejo de reabastecimento de amor. Retornaremos ao seio carinhoso dos nossos familiares. Nem todos, entretanto, encontraremos os entes queridos como desejaríamos. Dor, problemas, dificuldades, doenças, assinalam muitos dos lares programados. Tenhamos confiança em Jesus. Já sabemos que a felicidade não se veste de ilusão e que a paz legítima não é a resultante dos aparatos sociais do mundo. Temos aprendido aqui que o sacrifício e o sofrimento são instrumentos utilizáveis na construção do *Reino de Deus*. Não nos inquietemos, pois.

Depois de breve pausa, como que para reunir novas expressões, prosseguiu:

– A Justiça Celeste atende-nos em qualquer lugar e a Lei encontrar-nos-á em qualquer situação, buscando-nos para o reajustamento com a vida. Confiemos no Mestre Excelso e agradeçamos-lhe a dádiva de agora.

"Não temos o direito de tentar, sob qualquer pretexto, em nome do amor, resolver os problemas que encontraremos na tela mental dos familiares, mas poderemos inspirar-lhes ânimo e coragem para a luta, resignação e confiança na vitória do Bem.

"Também não lhes devemos noticiar as próprias inquietações...

"Utilizemo-nos da dádiva do Senhor como abelhas operosas que se comprazem na felicidade da flor!"

E como se fizesse continuado silêncio, a amiga espiritual concluiu:

– Formaremos um grupo de almas ligadas pela oração, concentradas no serviço que nos aguarda, e nos utilizaremos da volitação para a viagem à Terra.

25

Retorno ao lar

Quando soavam as vinte horas, de coração opresso, entramos no lar, irmã Zélia e eu. Preparavas a mesa, minha filha, para o banquete com o Evangelho.

Desde às vésperas – informara-me a orientadora – foras avisada pelos teus dedicados protetores, quando o sono te desdobrou. Já de outras vezes nos encontráramos em agradável comunhão, sob a tutela do repouso físico. E, por essa razão, guardavas a ideia de algo que não sabias explicar. Descompassada e celeremente procuravas sondar as telas da memória anterior, procurando recordar a notícia que prenunciava as satisfações dos próximos momentos. Inutilmente, porém.

Também eu, embora amparada pela benfeitora prestimosa que se oferecera a me auxiliar, guardava ansiedade e emoção indescritíveis. Era a minha primeira excursão fora da Colônia e esta aventura se me afigurava uma concessão valiosa que não sabia aquilatar.

O reencontro, filha minha, é sempre uma emoção indefinível para aqueles que atravessam a porta do túmulo. Porquanto, sensações que pareciam amortecidas, com a recordação momentânea, através da visão, retornam, convidando o Espírito a estados angustiantes e lastimáveis.

Sem poder vencer as evocações ali tão vivas, retornei aos sítios das lembranças, enquanto pequenas aflições se sucediam em minha alma. Voltaram-me ao pensamento, como por magia, velhos e insignificantes hábitos diários, satisfações e preocupações, agora em formas-pensamento, a povoarem o recinto que habitara. As vozes das crianças, buliçosas e álacres, sacudiam-me o ser, e um intenso desejo de falar-lhes, abraçá-las, comunicar a minha presença no momento, aspirar o ar que outrora me enchia os pulmões, descontrolou-me momentaneamente o equilíbrio ainda vacilante. A irmã Zélia que me acompanhava o drama do momento, em que o tempo era vencido, desaparecendo o passado para somente existir o presente, acudiu-me, zelosa:

– Otília, não permitas que a ansiedade destrua a presente concessão do Céu. Pensar fortemente é construir, e recordar com demasiada intensidade é reviver. O momento não comporta lamentação mental nem desejo pessoal inoperante. Valoriza a joia dos minutos e procura serenar a alma para o êxito do nosso empreendimento.

Assim admoestada, procurei refazer-me sob a inspiração da paciência, enquanto me entregava às mãos do Senhor, agradecendo-lhe a felicidade daquela hora.

A noite contribuía para a justa felicidade do nosso entrelaçamento afetivo. Uma grande serenidade passeava no ar leve, transparente, coroado de estrelas no Infinito.

O velho companheiro, que me fora um *anjo* benfeitor na romagem da carne, para a justa felicidade do nosso coração, estava à mesa, e as crianças o cercavam. Colocaste o vasilhame da água para a magnetização e, iniciado o Culto Evangélico, o texto lido falava sobre *parentela corporal e parentela espiritual.*[9]

Após a leitura, ante uma assistência atenta de companheiros desencarnados, instada pela devotada amiga, aproximei os meus lábios dos teus ouvidos e, pousando a mão espalmada sobre a tua cabeça, pus-me a falar-te sobre o trecho lido.

A tua mente foi-se banhando de filetes azulados de luz, à semelhança do gás néon, e, em breve, do centro da tua cabeça, uma grande flor, com pétalas brilhantes e múltiplas, parecia surgir, tomando forma e crescendo, e derramando tonalidades violeta-azuláceas que corriam pelo sangue, colorindo lentamente a cabeça, tórax e todo o corpo.

De mão apoiada à testa, na região do *olho de Siwa*, ligando as pontas dos dedos à minúscula glândula interna da cabeça, pequeninos fios coloridos tornavam-se brilhantes, fechando um circuito elétrico que a ambas nos envolvia. Procurei falar-te, então, mediante apelos reiterados:

– Fala, filha!... Fala!... Repete!...

E, paulatinamente, concentrando-te cada vez mais, traduziste o meu pensamento, explanando juntas, fundidas no grande ideal da caridade, sob a égide do Cristo, o texto admirável. A palavra facilitada pela inspiração superior irrigava-me o cérebro e passava a ti numa sincronização perfeita, em torno daqueles que, embora não pertencentes ao nosso corpo nem ao nosso sangue, são irmãos nossos, filhos do Boníssimo Pai, em nosso caminho de reparações. Faziam parte da imensa caravana dos infelizes, fustigados pela fome, frio, enfermidades, ou eram seres tresmalhados, dominados pelo ódio, revolta, inquietação, atados à esteira da viciação, do crime, da miséria moral – mais infelizes do que os primeiros–,

---

[9] Cap. XIV, Item 8, de *O Evangelho Segundo o Espiritismo* (nota da autora espiritual).

ou ainda aqueles outros que zarparam na embarcação da morte e agora, em terras bravias, se desesperavam, sedentos de posse, dominados pelo horror. Todos éramos realmente irmãos, numa família ampliada e espalhada por terras diversas, limitados por fronteiras de entendimento, mas todos amados e carentes de ajuda recíproca.

Nesse ínterim, amigos prestimosos higienizavam nossa casa, destruindo larvas de viciação psíquica reinantes no ambiente, e guerreando bactérias mentais que infestam, invariavelmente, os lares.

Entre os maiores benefícios prestados pelo Culto Doméstico, no campo da fé religiosa, além da fraternidade e do entendimento, do passe e magnetização da água, destaca-se o da harmonia e identificação do pensamento em torno da monoideia elevada, propiciando campo e material ao combate às vibrações negativas que grassam nos ambientes coletivos.

Nosso colóquio prolongou-se por vinte minutos, aproximadamente, quando conclamamos os ouvintes à Caridade, desde a compaixão emotiva ao auxílio socorrista, materializado em doações pessoais, como entendimento, distribuição de pão, remédio e agasalho.

Compreendemos que o homem, aparentemente mau, é apenas um enfermo, portador de muitos males, e que o coração que se banha nas águas turvas do ódio é apenas um Espírito desequilibrado, sem roteiro nem discernimento para utilizar com sabedoria as oportunidades do caminho. E, em face disso, nossa função é amparar o doente, combatendo-lhe a enfermidade; ajudar o mau, guerreando o mal que lhe perturba a organização espiritual, consoante os ensinamentos de Jesus.

Apagadas as luzes para as vibrações e preces intercessórias, utilizei-me do momento para cooperar na transmissão de energias, imitando os nossos amigos mais lúcidos, oferecendo-te, e aos nossos, a doação materna, em carinho e coragem, confiança no futuro e entendimento na dor, essa grande libertadora; alargando, com o auxílio divino, os nossos celeiros e guardando neles os valiosos recursos do momento, para os dias do futuro.

Encerrada a reunião, acompanhei a alegria geral, participando das conversações posteriores, ligadas pelos fios do pensamento e assegurando-te a confiança vacilante, quanto à minha estada, no lar, naquele momento.

Uma grande ventura invadia-me toda. Mais uma vez observava a excelência da fé e o valor do lar cristão nos grandes cometimentos da vida.

Voltou-me à mente o ensinamento do Divino Mestre: "Aquele que crê em mim já passou da morte para a vida...", e senti na vida vitoriosa, além da morte, a Mensagem cristã como um farol abençoado.

Graças ao Espiritismo, que nos legou os meios que favorecem a comunicação entre os dois mundos, podem as almas trazer a notícia aos caminhantes da experiência física, revigorando-se pela permuta de amor, já que não cessam as emoções no intercâmbio da vida.

Graças a Allan Kardec, que "matou a morte", podemos hoje repetir que realmente "ninguém morre". A vida é inextinguível. Com a destruição do corpo, o Espírito libra-se acima das vicissitudes e continua. E ante a minha felicidade, não pude deixar de render o meu culto de gratidão ao professor lionês que tanto sofreu, desde a chocarrice e o escárnio dos contemporâneos até o opróbrio e a maldição, para positivar a continuação da vida, depois da destruição dos despojos materiais.

Somente quando a noite seguia avançada e te recolheste ao leito, pude receber-te nos braços, nas asas do sono, demandando, ao lado da abnegada benfeitora, o pouso onde nos demoraríamos durante a excursão de aprendizado na Crosta.

No alto, as estrelas prateavam de faiscantes e luminosos fios o veludo espesso com que se cobria a noite formosa. O ar misturado de ozone e iodo, vindos da viração marinha, brincava no silêncio noturno. Jesus parecia mais próximo de nós, certamente porque, mediante o amor, estávamos mais próximos d'Ele.

26
MEDIUNIDADE COM JESUS

No plano de estudos e trabalhos estava programada uma sessão de desobsessão, em nosso antigo Centro, onde, anos atrás, me candidatara ao serviço do Bem.

Somente o fato de ali retornar, na condição de desencarnada, revendo os amigos no afã do socorro mediúnico, entrelaçados pela prece, era algo que me comovia. Depois, a soma de conhecimentos que poderia armazenar, em apenas uma noite, corresponderia a significativa coleta de apontamentos expressivos que não podia desdenhar.

No dia aprazado, às 18h, rumamos em grupo, sob a direção da irmã Zélia, para tomarmos parte na preparação do recinto para as operações mediúnicas da noite.

Àquela hora a azáfama era grande. Entidades laboriosas, postadas à entrada da sala, guardavam o recinto, defendendo-o contra incursão dos Espíritos mal-intencionados.

Uma estranha muralha, com dois palmos aproximadamente de espessura, circundava o recinto e, ante a minha admiração íntima, a benfeitora esclareceu tratar-se de construção fluídica para defesa da Casa. No interior, Espíritos familiares desdobravam-se em cuidados meticulosos, desde a assepsia mental do recinto, até a colocação de aparelhagem complicada, em várias posições.

Às 19h, começaram a chegar as primeiras almas sofredoras e atribuladas do *nosso plano*, que se juntavam às que se encontravam no recinto, desde a véspera. A princípio, aparentemente a sós, depois, em grupos, confabulando, inquietas, mergulhadas nos mais mesquinhos problemas que se lhes afiguravam importantes, eram conduzidas a lugares adredemente reservados. Outros vinham assistidos por enfermeiros de brancas vestes, amparados cordialmente e colocados em leitos, como nas enfermarias da Terra.

Uns traziam expressões de dor e inquietude, gemendo ou chorando, enquanto outros ostentavam semblantes de zombaria, gesticulando, arrogantes, embora o estado deplorável das vestes e da própria organização espiritual. Pareciam não darem conta de si mesmos, aplicando o tesouro do tempo na ostentação do orgulho e da crítica pertinaz. Religiosos motejadores, de aparência cruel, proferindo expressões rudes, não tiveram acesso à sala mediúnica, ficando à porta, coléricos, em atitudes lamentáveis. Alguns ficavam a certa distância, distinguindo as mãos amigas que os ajudavam, enquanto outros pareciam muito distantes, sem percepção nenhuma, trazidos ao campo magnético dos trabalhos por inspiração irresistível dos seus tutores espirituais. Outros, ainda, alheados de tudo, apresentavam-se à vontade, constituindo o conjunto uma cena entristecedora e comovente.

Começavam a chegar os primeiros encarnados.

Orientada pela benfeitora, verifiquei que alguns encarnados chegavam seguidos por grande número de Espíritos vulgares e viciosos, que ficavam retidos fora das defesas magnéticas, sem as poderem atravessar com os seus tutelados habituais.

– Aguardarão suas vítimas – informou a instrutora –, depois que se deslocarem da reunião. Muitos companheiros que vêm à sessão, logo que se afastam dos elos magnéticos da prece e do entendimento, no Templo, retornam aos problemas mentais, semi-hipnotizados como vivem pelos obsessores que os seguem transmitindo errôneas ideias e hipóteses falsas, até que se lhes esgotam as precárias energias defensivas que conseguiram armazenar no serviço, retornando, de mãos vazias, aos braços dos vampiros com os quais sintonizam.

"Alguns – prosseguiu, penalizada –, embora libertados momentaneamente das expressões obsidentes, penetram o recinto, com desrespeito e indiferença, entregando-se, durante o trabalho, ao sono reprochável, resultante da intoxicação mental de que são portadores, ou se deixam conduzir pelos pensamentos habituais; refazendo as ligações mentais e ameaçando o serviço venerando, pela possibilidade de invasão intempestiva dos seus algozes revoltados, constrangidos, na retaguarda, e que, destarte, encontram brechas no conjunto que deve ser protegido e defendido por todos."

Às 19h30, deu entrada na Casa o mentor dos trabalhos, responsável pelo serviço da noite.

Os cooperadores espirituais expuseram-lhe as tarefas concluídas, apresentando as dificuldades e explicando as diferentes qualidades de Espíritos desencarnados presentes, as medidas tomadas e a situação mental dos encarnados, no momento.

Após carinhosa inspeção e rápidas observações, Entidades intercessoras rogavam-lhe permissão para se comunicarem com parentes presentes ou pediam providências para seres amados em situações delicadas. Continuavam imanadas aos *velhos problemas da carne*, situando as ansiedades no socorro material, com prejuízo da aprendizagem que se derivava do sofrimento dos seus queridos.

Algumas mães aflitas, esposos ansiosos, irmãos e amigos em sofrimento, solicitavam interferência direta e auxílio, e a grande maioria rogava oportunidade de comunicação pelos instrumentos mediúnicos.

Delicado, porém enérgico, o instrutor explicava a uns, expunha a outros, que o serviço a realizar-se encontrava-se programado com antecipação, e que, no momento, muitas eram as dificuldades a transpor no concernente à colheita de resultados.

No plano físico, começavam a leitura e conversações preparatórias. Conversação sadia, tertúlia edificante.

– Muito embora as comunicações somente sejam possíveis às 20h – explicou a irmã Zélia –, esse espaço de tempo destina-se à desintoxicação ou desencharcamento mental dos encarnados e harmonização psíquica dos médiuns com os desencarnados que se vão comunicar.

Nesse momento, aproximando-se do nosso grupo, o instrutor espiritual saudou a irmã Zélia e congratulou-se conosco pela presença no trabalho da noite. Velho amigo, abraçou-me, informando-me estar cientificado de que eu iria ocupar o canal psicofônico do médium Marcos, para breves palavras. O médium – explicou-me ele –, por sua vez, estava instruído nesse sentido, desde as vésperas, embora não se recordasse, conscientemente.

– Como você sabe – esclareceu, sorridente –, o *acaso* é resultante de um trabalho feito com muita antecedência.

Desejando-me feliz intercâmbio, afastou-se para continuar os misteres que lhe diziam respeito.

Fiquei emocionada e reconhecida.

Quase à hora da prece de início da operação de intercâmbio, dois retardatários deram entrada no recinto, prejudicando, seriamente, a estabilidade psíquica geral.

– São infelizes indisciplinados, – obtemperou irmã Zélia ao constatar a consternação geral dos trabalhadores presentes.

"Nossos irmãos – prosseguiu – infelizmente se habituaram à negligência e, por mais os advirtamos, demoram-se na atitude indiferente, entre prazer e dever."

E continuando, arrematou:

– Agitados e confusos, como se encontram, não poderão tomar parte na reunião. Ficarão fora das defesas internas até que se ajustem mentalmente ao clima local.

A prece foi feita pelo Diretor encarnado que, a esse tempo, estava parcialmente incorporado pelo instrutor espiritual e fortemente inspirado.

As palavras simples e sinceras do *velho* amigo de ontem, comoveram-me ainda mais.

Devotado instrutor do *nosso plano* utilizou-se da organização do médium Marcos para as orientações de início.

A primeira comunicação ocorreu logo. Era uma alma impertinente ligada ao médium, em difícil processo de reajustamento, sob o lastro de uma dívida que se repetiu em várias encarnações com insucesso de ambos – informou a orientadora, sempre prestimosa.

Nesse momento, notei que algumas manchas, à semelhança de bolas escuras, caíam sobre o médium.

Com o olhar, interroguei irmã Zélia. O esclarecimento veio rápido:

– São as vibrações da assistência encarnada – disse, tristonha.

"Alguns companheiros nossos, do plano físico – prosseguiu à meia voz –, além de não cooperarem, atrapalham com pensamentos de dúvidas, indiferença e até, não raro, de mofa. Não se apercebem do grande drama que envolve as duas almas e, por isso mesmo, prejudicam o registro das impressões pela mente do médium que, assim, ainda mais se desequilibra."

Chamando-me, a amiga incansável apontou respeitável senhora, indagando:

– Notas algo?

– Sim. Está dormindo.

– Exatamente. O fenômeno aí é hipnose à distância. Seu perseguidor ficou na retaguarda; no entanto, continua ligado ao seu pensamento pela ideia.

– E não se pode fazer nada por ela? – indaguei, penalizada.

– É o que tentamos, no presente momento – respondeu. Trabalhando e procurando ajudar, convidamo-la à colaboração e à vigília, em favor dos demais sofredores. Convém não esqueçamos que a Lei é a mesma e invariável, para todos. Cada alma é sempre socorrida, no entanto, a ascensão só se fará pelos pés em movimento no Bem, de quem deseje subir.

"Infelizmente – continuou a esclarecer, – a nossa consóror, como muita gente, em chegando à reunião, acomoda-se, e, distante da atenção séria e do respeito ao Senhor que nos rege os destinos, por cansaço ou negligência, entrega-se ao sono, sem lhe oferecer a menor resistência."

– Que fazer? – inquiri, condoída.

– Orar por ela e por todos, confiando no tempo. Ao fim de alguns anos, despertará, talvez, mais infeliz, visto que a enfermidade obsessional se complicará, conduzindo-a a enfermidade mais séria. A lâmpada somente acende quando provida de pavio, embora o óleo abundante onde flutua.

Outro senhor, em cadeira vizinha, demorava-se inquieto. Os bocejos sucediam-se, enquanto a mente derramava, qual fruto apodrecido quando comprimido, substância escura e viscosa.

– É um discípulo e escravo da gula – acentuou a delicada trabalhadora. Embora as advertências do Diretor da reunião, bem como das regras de saúde, o nosso amigo sobrecarrega o estômago e chega à sessão semicongestionado e enfadado, como se, indisposto qual se encontra, tivesse vindo fazer um favor desagradável, mas de que se não pode furtar.

E apontando vários fatores positivos de insucesso nos trabalhos mediúnicos, por parte, quase na totalidade, da irreverência dos encarnados, a prestativa mensageira lembrou-me que este é o material com que o tempo e a perseverança do Mestre vão modelar a felicidade e a ventura do futuro.

As comunicações sucediam-se.

Enquanto o Diretor encarnado atendia aos comunicantes, Entidades esclarecidas pregavam a grupos compactos, enfermeiros ativos conduziam sofredores, passistas socorriam aflitos...

– Mediunidade nos dois planos da vida – elucidou a Sr.ª Zélia. Mediunidade com Jesus, pensando feridas, consolando corações, instruindo mentes, acendendo luz e socorrendo. Mediunidade e Jesus amando o homem e renovando o mundo.

O tempo passava.

O instrutor aproximou-se de mim e convidou-me à incorporação.

– A irmã dispõe de seis minutos – informou, bondoso. Seja breve. O essencial não é dizer muitas palavras, mas dizer o máximo com o mínimo de expressões, no menor tempo possível.

Ajudada pela abnegada orientadora, aproximei-me do médium e, orando, fui-me assenhoreando do aparelho psicofônico, experimentando as mais complexas sensações. Enquanto leve perturbação das faculdades mentais me preocupava, grande lucidez tomava o médium em concentração. Como se fosse desmaiar, ouvi enérgica voz, ordenando-me:

– Pode falar. Você já está incorporada.

Súbita aflição povoou-me o cérebro, turbilhonando-me as ideias. Atropelavam-se, no meu mundo mental, evocações e desejos, misturados a inquietante receio.

Lembrei-me, então, do Celeste Amigo, e, tentando reter-Lhe a veneranda figura, recordei-me de uma das oleogravuras terrenas em que Ele aparece meditativo, contemplando Jerusalém adormecida, e verifiquei que, ao desejar votos de felicidades e venturas aos irmãos, a boca do médium, abrindo-se, enunciou as primeiras palavras que se desenhavam na minha vontade. Deslumbrada, notei que a organização mediúnica do amigo encarnado emoldurava-se de suave claridade e que, do cérebro e do coração, desprendiam-se, em colorido múltiplo, fachos brilhantes que variavam de intensidade, à medida que o meu pensamento era registrado e transmitido.

Reunindo todas as forças para deter a onda emotiva que me espreitava, recataloguei ideias. E, à medida que a palavra, a princípio vacilante, depois mais ritmada, expressava os meus desejos, confundi-me na aura do instrumento, vivendo, em mim mesma, a felicidade de testemunhar aos amados a vitória da vida sobre a fragilidade da carne.

O tempo corria e, sob o controle do instrutor dirigente dos trabalhos, senti a necessidade de limitar os anseios crescentes, despedindo-me, emocionada e jubilosa.

Agradável bem-estar empolgava-me, e os meus ouvidos continuavam a escutar as palavras enunciadas, agradecendo ao Céu o contentamento imerecido daquele instante.

Logo depois, o amigo espiritual, ocupando a mesma organização psicofônica do encarnado de que me utilizara, proporcionou-nos elucidações cheias de alento, nas quais se misturavam sabedoria e bondade, recordando-nos o conhecido roteiro da Caridade e do Amor.

À hora aprazada, depois da prece de reconhecimento, foram encerrados os serviços.

27
Caridade e Renúncia

Concluída a tarefa mediúnica, no plano físico, o movimento continuou, entretanto, na esfera dos desencarnados...

Sofredores atendidos, durante as orações, permaneciam aguardando remoção, embora assistidos de perto por zelosos enfermeiros.

A agitação de alguns Espíritos não atendidos durante o programa socorrista afligia-me. Todavia, a serenidade com que os desvelados benfeitores agiam, estimulava-me à coragem e à confiança.

Acesas todas as lâmpadas, os companheiros encarnados ofereciam atitude lamentável, em matéria de conduta espiritual.

Rapidamente retornaram à bulha desrespeitosa, como se estivessem num recinto dedicado ao prazer, esquecidos, talvez, de que o santuário onde a mediunidade labora é uma enfermaria-escola de auxílio imediato e aprendizado aproveitável.

Outros voltaram naturalmente às velhas ideias e opiniões a que se afeiçoaram, desde há muito, sem apresentarem, após tanto esforço dos seus guias e protetores, qualquer modificação no plano mental.

Alguns semblantes apresentavam evidentes sinais de tédio e cansaço, sem o menor vestígio de satisfação ou conforto pelo ensejo de ajudar, ajudando-se.

Noutros encarnados identifiquei indiferença profunda pelo trabalho a que assistiram e, orientada pela irmã Zélia verifiquei, surpresa, que nem sequer haviam tomado parte, de qualquer forma, nas realizações da noite de atividades.

Somente em alguns poucos pude constatar o respeito e a alegria íntima, fazendo análise sincera de tudo quanto ouviram, em exame cuidadoso. Observei que esses poucos, mesmo encerrada a reunião, continuavam ligados à organização espiritual mantenedora dos serviços, oferecendo plasma mental e fluidos salutares que eram utilizados pelos operadores para assistência aos desencarnados socorridos.

As Entidades infelizes, que permaneciam à entrada, abraçavam, cheias de sarcasmo, seus habituais comensais psíquicos, entabulando, com risos e atitudes ridículas, conversações de desrespeito e zombaria, das quais o encarnado participava, pela transmissão do pensamento, duvidando de tudo, sem consideração alguma pelo culto e atirando espinhos de suspeita infundada na honorabilidade dos medianeiros.

Aproximando-me de cavalheiro bem posto que eu havia conhecido nos dias da carne, observei-lhe as dúvidas mentais, nas quais a suspeita perigosa e a crueldade se davam os braços para alicerçarem pontos de vista, aparentemente respeitáveis, porém profundamente falsos. Monologava negativamente, com sorriso superior.

Guiado por terrível vingador do Além, acercou-se do médium Marcos, desejando injetar-lhe fel de desconfiança e veneno de amargura.

O instrutor dirigente que o observava, antecipando-lhe a planificação maléfica, envolveu o medianeiro, atendendo-lhe o canal inspirativo e aguardando, sereno, a investida da impiedade.

– Interessante a comunicação da nossa Otília –, adiantou-se o suspeitador inveterado.

"Notei-a elevada, com fraseado novo, vestindo as palavras com argumentações muito diversas da capacidade que lhe era habitual. A voz, as expressões, diferenciavam-na bastante daquela que eu conheci."

E num tom arrogante, desferiu o golpe bem traçado:

– Não fosse por seu intermédio, confesso, duvidaria da autenticidade da comunicação. Somente a reconheci, ao terminar, quando se identificou pelo próprio nome.

O médium, colhido de surpresa, tentou esclarecer algo, acrescentando explicações sobre as possíveis razões das diferenciações notadas.

– Em mediunidade – falou o instrumento, desejando esclarecer –, existem muitas sutilezas que escapam a uma observação superficial. É necessário exame mais acurado, estudo das circunstâncias e dos impositivos do momento, para chegar-se a uma conclusão a respeito do intercâmbio espiritual e...

Ia prosseguir. O mentor, entretanto, cioso das responsabilidades da hora, não deixou que o trabalhador oferecesse qualquer resistência às investidas do desrespeito. Silenciou-o com oportuna sugestão mental, inspirando-lhe uma resposta vaga, inexpressiva.

– (...) É, não sei mesmo explicar – arrematou.

Como o interlocutor tentasse insistir pertinazmente com indagações impenitentes, o médium, fortemente atendido, encerrou o assunto, acrescentando:

– Não me recordo do que a amiga espiritual recomendou, entretanto, sugeriria que o amigo, desprezando a questão de identidade, examinasse os ensinamentos e procurasse meditar com melhor proveito para si mesmo.

E, discretamente, desvencilhou-se, defendendo-se de novas investidas.

O cidadão afastou-se agastado, prometendo não mais retornar e argumentando consigo mesmo, entre enraivecido e vitorioso: "Tudo é fraude!"

Decorridos alguns minutos, a sala voltava ao silêncio, com a saída dos companheiros encarnados.

Algumas Entidades, igualmente ligadas a deveres de outra ordem, demandaram seus compromissos.

O instrutor dirigente, porém, informou-nos:

– Sigamos o médium Marcos até o lar, porquanto, logo mais, necessitaremos ainda da sua contribuição.

E, voltando-se para mim, informou bondoso:

– Mediunidade com Jesus é vivência na caridade e na renúncia, no sacrifício e na abnegação. Somos constrangidos a utilizar os companheiros mais devotados, embora sobrecarregados, porquanto os "desocupados não dispõem de tempo para o trabalho"...

"Naturalmente que: *àqueles a quem muito foi dado, muito lhes será pedido*, bem assim, o que muito der em favor de outrem, muito receberá em nome de todos."

E alongando explicações, continuou:

– Consideremos o médium como enxada valiosa para o benefício do solo. Quanto mais movimentada, mais brilhante. Ao revés, negando-se a contribuir no trabalho, gasta-se sob a ferrugem devastadora.

"Quando o Senhor organizou o *colégio galileu*, preferiu homens rudes, mas afeiçoados ao trabalho, cujo corpo, já cansado de lutas, estivesse habituado às pelejas. Não procurou os doutos, acostumados às sedas e às cátedras e pouco aclimatados às lides incessantes do trabalho.

"Na lição do Mestre encontramos o ensinamento de que melhor servidor é aquele que não mede esforço na execução do trabalho, dispondo sempre de renovadas energias, quando se faz necessária a doação de si mesmo."

Nesse ínterim, chegamos à residência do médium, que ainda não a havia atingido.

Um espetáculo inteiramente inédito me aguardava.

Entidades revoltadas sitiavam a residência do medianeiro em atitude combativa, discutiam, em altas vozes, os meios de destruir-lhe a influência junto às suas vítimas habituais.

Alguns comentavam, exaltados, sobre a possibilidade de o assassinarem, procurando meios que coroassem de êxito o empreendimento. Outros sugeriam lhe fosse intensificado o cerco, através de calúnias bem-urdidas e intrigas disfarçadas colocando-se-lhe no caminho, escárnio, dificuldades e inquietações.

Jovem indigitado, desencarnado, gritou:

– Exploremos-lhe a fonte da sentimentalidade, criando obstáculos afetivos e afastando-lhe os companheiros mais próximos. Não há quem resista...

E depois de breve pausa, com sorriso vitorioso:

– A ingratidão e a calúnia, a solidão e o desprezo aniquilam qualquer resistência. Nessa hora, então...

Alguém arrematou:

– Está *pra* nós!

A discussão prosseguiu animada. Olhando-me expressivamente o instrutor Élsior, que nos acompanhava, acrescentou:

– Caridade e renúncia com oração e amor são as únicas armas de defesa que o médium pode utilizar nas abençoadas lides de manutenção da paz e do trabalho.

Fazendo-nos identificar, o benfeitor deu entrada no lar, seguido por nós outros, enquanto os Espíritos irresponsáveis debandavam ruidosamente, proferindo expressões grosseiras.

28
DÍVIDA E RESGATE

Às 23h30, o médium procurou o leito e, depois das orações habituais, antes de adormecer, buscou ligar-se ao Abençoado Mestre.

O instrutor dirigente aplicou-lhe passes hipnóticos e procedeu-lhe ao desdobramento, através do sono.

Jovial e comunicativo, saudou-nos efusivamente.

Decorridos alguns minutos, nós o tínhamos ao lado.

– Apressemo-nos – sugeriu o instrutor. O dever nos aguarda!

Rapidamente retornamos ao Núcleo, conduzindo o companheiro, temporariamente liberto. O recinto apresentava agora outro aspecto. As cadeiras acomodavam Espíritos atentos e o ambiente era de profundo respeito. Todos se encontravam mergulhados na oração, compenetrados das responsabilidades que lhes pesavam. Uma mesa, algo afastada dos assistentes, cercava-se de dez cadeiras, onde Entidades trabalhadoras igualmente mergulhavam a mente em meditação e recolhimento. As paredes da sala ofereciam, na sua simplicidade, brancura invulgar.

O instrutor Élsior conduziu o médium a uma das cadeiras isoladas junto ao leito asseado onde repousava um Espírito de semblante implacável, em sono torturado.

– É o vingador de jovem que milita no Centro – informou-me a irmã Zélia –, e que vai ser atendido, logo mais.

Decorridos breves minutos, deu entrada no recinto uma jovem, igualmente desdobrada pelo sono, apresentando no semblante os caracteres evidentes da obsessão acentuada que a consumia. Vinha assistida por dois devotados amigos da *nossa Esfera*.

Encaminhada carinhosamente ao assento vazio, conservava no rosto a mesma expressão de receio, embora fortemente atendida pelos recursos magnéticos dos assistentes. Não parecia ter noção do que se passava, alheia a tudo.

Uma nova reunião mediúnica ia ter lugar.

Permaneci ao lado da irmã Zélia, entre os assistentes.

Depois de expressiva oração proferida pelo instrutor Élsior, a doente esboçou, algo serena, uma expressão de lucidez, identificando, lentamente, o recinto.

Era o Centro familiar, onde, horas antes, estivera. A alegria delineou no seu rosto macerado um sorriso de contentamento. Ao identificar o médium, acenou-lhe discretamente e indagou-lhe da razão de tudo aquilo.

O médium Marcos, atento às orientações do instrutor que a jovem não percebia, informou-lhe tratar-se de assistência ao seu perseguidor, atendendo a ordem de natureza superior. Rogava-lhe, por isso mesmo, calma e confiança, coragem e compaixão, utilizando os valores da prece para o êxito da tarefa. Afirmou-lhe a presença de devotados companheiros da esfera espiritual superior, tranquilizando-a quanto à ausência de perigos, durante a entrevista.

– Desde há muito – continuou solícito, assistido de perto pelo amoroso companheiro desencarnado – fazia-se imperioso este empreendimento para encaminhar o algoz à esfera física, em trabalho de reajustamento.

Depois de prepará-la com delicadeza e cuidado, o instrutor Élsior fez-se notado e, apresentado pelo médium, concluiu, com esclarecimentos oportunos e justos, a realização significativa que ia desenvolver, tocando o centro da visão da enferma e dilatando-lhe a percepção visual do recinto.

O semblante de Ângela desenhou a alegria que lhe surpreendeu a alma sofredora. Depois, foi-lhe mostrado, em sugestão hipnótica entorpecente, o infeliz perturbador que lhe assediava a casa mental.

Realizados os cuidados indispensáveis, assistentes calmos e cônscios dos seus deveres aplicaram passes dispersivos sobre o obsessor, o qual despertou, a princípio modorrento, recuperando a expressão fria e impenitente, sob imprecações lastimáveis.

Desafiando as forças do Bem e deblaterando, irresponsável, apresentava a outra face do homem, mais fera que criatura, acompanhando as palavras com gestos de profunda revolta.

Instado pela palavra inspirada do medianeiro e sob recursos poderosos, acalmou-se para o reencontro com aquela que lhe sofria a ação corrosiva e prejudicial, filha do ódio incessante.

Ao se defrontarem as duas almas, vítima e algoz recíprocos, a jovem apresentava-se amedrontada. Palor e lágrimas cobriam-lhe o rosto, como se reconhecesse, subitamente, naquele adversário *gratuito*, alguém muito amado, mergulhado nas águas turvas do ódio e da rebeldia. O perseguidor, porém, gargalhando, fitou-a friamente e indagou, impiedoso:

– Choras? Reconheces-me?

– Perdoa-me! – suplicou de joelhos, num movimento instintivo.

Como se a mente de Ângela fosse sacudida por um vendaval que a fizesse recuar no tempo, transportou-se até a Casa dos Bragança, nos agitados dias da transmigração da Família Real lusitana para o Brasil, no início do século XIX.

– Perdoar-te? Jamais!... Nunca te perdoarei –, rugiu o inditoso perseguidor. Embora reencarnada, fugindo de mim e da minha justiça, desertora da honra que és, consegui, após exaustivos esforços, localizar-te e nunca mais te deixarei.

– Tem piedade! – suplicou a infeliz.

– E a tiveste para mim, para o meu lar, maldita? – retrucou.

– Pensei – respondeu amargurada – que tivesses morrido nas ruas de Lisboa, quando da chegada das tropas de Junot... Esperei tanto por notícias tuas!... Nunca mais me escreveste...

A voz morreu-lhe nos soluços. E, depois de muito esforço, continuou:

– A fome, a miséria, a necessidade de viver... Reconheço que deveria mil vezes ter morrido a prevaricar. No entanto, jovem e só, naqueles tormentosos dias de sobressalto, não tive outro recurso...

– Desavergonhada! – Reagiu cruel. Se pensas que me comovem tuas lamúrias, dá-te de lado, arreda-te porque não o conseguirás. Jurei vingar-me e vingar-me-ei. A nódoa com que me manchaste, lavá-la-ei, através dos tempos, com tuas lágrimas, até secar a fonte do teu choro e te arderes de agonia, como eu próprio, devorado pelo desespero.

– Esquece! – balbuciou, aniquilada. Pelo amor de Deus, esquece!

Verifiquei que o instrutor Élsior e os assistentes espirituais sustentavam a jovem, ao mesmo tempo em que procuravam transmitir compaixão ao desalmado infeliz.

Ao mesmo momento quase, atendida pelo irmão Élsior, Ângela pôs-se a orar.

Suas palavras comoventes confessavam o erro criminoso e o resgate punitivo, nas vias da loucura, fruto dos remorsos e dos excessos que a haviam conduzido ao túmulo na segunda metade do século passado.

À medida que suas palavras se orvalhavam dos puros desejos de reabilitação, oferecia-se a ajudar o ser amado de ontem, mesmo que o sacrifício lhe fosse o preço do recomeço no Bem.

Desarvorado, tocado no imo pelo amor ainda latente, embora empanado pela revolta, Antônio desejou fugir. Semilouco, agredia-se, proferindo expressões de desesperado.

Ao impacto magnético de energias bem dirigidas, voltou a adormecer, sendo conduzido à incorporação no aparelho psicofônico do médium presente, em cuja organização, com a memória parcialmente adormecida, ouviu a palavra sábia do lúcido instrutor, quanto ao futuro na carne, em breves tempos.

Ângela voltaria a recebê-lo, não como esposo, mas na condição de filho. Não filho da carne, mas do coração, amargurando os próprios dias na Terra, sob o testemunho de suspeitas cruéis em sua honorabilidade de moça.

Depois de doutrinado com carinho e removido para a Colônia preparatória da reencarnação, em breve a reunião foi encerrada e reconduzidos, às *esferas* habituais, o médium e a jovem, participantes de tão importantes acontecimentos.

Um mundo de indagações fervilhava no meu cérebro ávido, que, entretanto, não ousava inquirir.

Encerrada a reunião, o instrutor, aproximando-se da irmã Zélia, esclareceu, delicado:

– Nosso Antônio reencarnará em cidade próxima, dentro de alguns meses. Ângela encontrar-se-á de licença para tratamento de saúde, na mesma ocasião, procurando repouso para os seus males íntimos. Será conduzida, por meio de uma série de fatores que não vale a pena aqui enunciar, ao lar do recém-nato, e prometendo guardá-lo, ante o leito mortuário da mãezinha tuberculosa e decaída.

E depois de breve pausa:

– Trá-lo-á para a Capital, sofrendo, em consequência do seu gesto de caridade, renúncia e reparação do passado, o estigma da dúvida, por parte de muitos, quanto à origem da criança...

E arrematando com segurança, concluiu:

– É da Lei. Quantos a desrespeitam sofrer-lhe-ão o reajuste. A dívida clama pelo resgate, através dos tempos.

29
Anotações valiosas

Vivamente impressionada com o admirável fenômeno de que acabara de participar, não pude sopitar o desejo de aprender, e, logo na primeira oportunidade, indaguei da irmã Zélia:

– Em referência ao trabalho socorrista, recordar-se-á o médium do acontecido? E a jovem Ângela, guardará ela lembranças que lhe felicitem o Espírito?

Sempre generosa, a benfeitora esclareceu:

– Certamente. Entretanto, as lembranças serão diversas. O médium, pelo fato de conviver mais com os problemas espirituais, saberá que esteve em trabalho de auxílio, conservando vagamente na memória as cenas, embora não muito bem delineadas. Ângela, todavia, terá a recordação de um pesadelo apavorante, despertando assustada, em pranto e profundamente triste. Mas estará assistida pela Infinita Misericórdia do Céu, que a todos ajuda, indistintamente.

Era muito lógico o esclarecimento.

A este tempo, afastamo-nos da sala.

A noite serena parecia invadida pelo canto da imortalidade, interpretada nos seus mistérios e segredos.

Os ensinamentos recolhidos conduziam-me a meditações em torno da mediunidade. Infelizmente não conduzia comigo uma bagagem intelectual que me facultasse penetrar as sutilezas dos novos ensinamentos. Modesta dona de casa, Deus sempre se me afigurou como Pai Misericordioso. Amei-O com a inocência de alma simples que não vive sobrecarregada de indagações inquietantes. O Espiritismo ensinou-me a amá-lO como Pai Sapiente, e agora, ante as lições recebidas, lamentava a estreiteza do meu entendimento, que me impossibilitava a retenção de tão valiosos ensinamentos.

Notando-me o cenho carregado, a cuidadosa preceptora indagou-me dos motivos de preocupação, e, quando cientificada, esclareceu, com renovada bondade:

– Não há motivo para se deixar abater. Recordemos que evolução é programa de eternidade. A vida física é degrau de ascensão que nenhum de nós desprezará. Todavia, convém lembrar que, cessada a fase reencarnacionista, a alma continua crescendo em amor e conhecimento, fora das vibrações da Terra, noutros redutos evolutivos.

E depois de algum silêncio:

– Evoluímos por etapas. Numa encarnação adquirimos a coroa da cultura, noutra a palma do amor. Raros conseguem adquirir sabedoria e bondade, cultura do cérebro e cultura do amor, de uma só vez. O mergulho na carne condensa vibrações que passam a sintonizar com o clima mental de outras vibrações resultantes de vidas pregressas, junto a outros seres, o que, de certo modo, nos dificulta a sublimação libertadora. Sem desdenhar a cultura, faz a alma um alto negócio quando desenvolve o sentimento, lapidando o caráter no buril da dor. Enquanto nem sempre são felizes aqueles que muito desenvolvem o cérebro, sem cuidarem do sentimento.

Prosseguindo, aduziu, animadora:

– Se é verdade que o amor tudo pode, a alma menos culta, porém boa, encontra campo espiritual para retornar ao conhecimento recolhido em etapas passadas e na memória, o que não se dá com a cultura sem bondade. O homem sábio, sem amor, pode tornar-se um monstro. Desencarnado, notará o cérebro cultivado e, portador de coração vazio, terá uma grande jornada de recomeço pela senda estreita do sofrimento, sem o conhecimento, nas expiações purificadoras.

E bem-humorada, concluiu:

– Se me dado fosse escolher, para a próxima jornada ao mundo, as armas de progresso no jardim da cultura intelectual e do sentimento amoroso, consoante os ensinos do Mestre, muito feliz me daria por escolher o ensejo de amar e sofrer, aprendendo no *livro do auxílio* a interpretação dos enigmas da vida.

Um banho benéfico de paz lavou-me o coração. Tudo se me afigurava compreensível e um alento renovado convidava-me a novo rumo pela estrada da evolução. Pude compreender, por mim mesma, que, embora não pudesse hoje digerir intelectivamente o aprendizado recolhido, em ocasião oportuna, guiada pela luz da razão esclarecida, poderia retornar à meditação do assunto, tirando-o do material guardado nos arquivos mentais.

Caminhávamos pela rua. A madrugada enluarada é, sem dúvida alguma, uma bênção da grande mãe Natureza para o homem terreno.

As vibrações de harmonia e serenidade desciam nos raios prateados e refrigeravam a Terra, envolvendo-a em paz.

A avenida deserta e silenciosa alongava-se. Raros noctívagos provocavam ruídos. Com menor densidade mental, que o sono anestesiava, a noite acolhia visitantes de outras

Esferas. Era a hora do socorro intensivo, das intercessões, das assistências, do afeto que nunca esquece. Grupos de Entidades desencarnadas surgiam, repentinamente, desaparecendo adiante, em algazarra desenfreada. Semelhavam-se a nuvem densa em desabalada correria.

Outros grupos passavam ligeiros, pardacentos, *úmidos*, com as ligações perispirituais apresentando semblante enfermiço e apavorante. Eram Espíritos viciados e inquietos, afinados a cômpares, em demanda dos antros de perversão e animalidade.

A benfeitora, que seguia comigo, conduziu-me à beira-mar e, ante o céu estrelado e o abismo líquido quase aos nossos pés, convidou-me à meditação silenciosa e ao repouso.

Findo o prazo, retornamos felizes e saudosos...

Os dias de comunhão espiritual contigo, minha filha, e com os irmãos da fé, recordavam-me o tempo da estação na carne. Ali estivera na estância terrena, vendo com a alma o jardim de nossa felicidade, onde temos de aprimorar-nos. Experimentara inexcedíveis alegrias no trabalho do intercâmbio, na sessão de evangelismo em torno da figura insuperável de Jesus Cristo; vivera as promessas do lar, no entanto, o dever convidava ao prolongamento da luta, no abençoado reduto em que me agasalhava.

O tempo passava cheio de obrigações que me favoreciam o estudo pelo exemplo e a iluminação íntima pelo trabalho. Era indispensável recuperar as horas desperdiçadas na inutilidade e na ignorância.

30

Recebendo o Companheiro

As visitas à Terra faziam-se mais frequentes. Alguns meses depois de ter voltado a privar do teu convívio, a irmã Liebe informou-me, numa das suas habituais estadas na *Colônia Redenção*:

– Otília – começou a dizer, – como não desconheces, a enfermidade do Gonçalves agrava-se dia a dia. A idade avançada não lhe permite maior resistência. Acreditamos que a desencarnação se dará em breves dias. Amigos espirituais, que o seguem na presente etapa, comunicaram-me a aproximação da hora de retorno. Sendo do teu desejo, poderá a irmã Zélia dispensar-te, por cinco dias, para acompanhá-lo à hora do traspasse.

Com um sorriso bondoso, onde vibrava a sua ternura, concluiu:

– Recorda-te da vigilância em todos os momentos. O amigo é um irmão em Jesus e transporá a aduana da morte com os recursos que entesourou através dos anos, não podendo o teu auxílio caracterizar-se por expressões de entusiasmo pessoal. Confia no Mestre e ora.

Fiquei jubilosa e ao mesmo tempo preocupada. O Gonçalves foi o pai que eu conheci na hora mais difícil da existência, oferecendo-me, bondoso, o braço nupcial. Tê-lo ao lado era motivo de satisfação, entretanto, talvez as circunstâncias não nos permitissem, por algum tempo, maior convivência. Aguardei, silenciosa e confiante, o ensejo de recebê-lo.

Na manhã seguinte, domingo, pela alva, cheguei acompanhada do Espírito frade franciscano Francisco D'Ávila, ao quarto em que o velho esposo desencarnava lentamente.

A dispneia atacava-o e o coração atribulado detinha-se nos estertores de demorada agonia.

Um amigo encarnado, que se postara fiel durante a dificuldade da doença, dormia ao lado. Seu Espírito fraterno, no entanto, estava vigilante, assistindo-o. Identificou-nos à chegada, recebendo-nos com carinho.

O Dr. Carneiro, velho cooperador desencarnado que colabora eficientemente nas orientações espirituais da Casa, esclareceu-nos de imediato:

– A desencarnação está programada para estes dias. Já iniciamos o desligamento dos centros de força. Nosso irmão, entretanto, por formação religiosa deficiente, guarda inexplicável pavor da morte. Embora recentemente ligado às fileiras do Espiritismo, conserva no subconsciente o fantasma do medo e, por isso mesmo, atém-se à carne, desesperado e receoso.

"Pretendemos, dentro de alguns minutos, trazê-lo ao nosso campo vibratório, esclarecendo-lhe a necessidade da confiança e da tranquilidade, e pela manhã inspiraremos os encarnados que o cercam de afeto, para que a conversação seja feita em torno do problema da *morte*.

Com a aplicação de passes cuidadosos, o enfermo querido, depois de longa vigília, adormeceu, e, desligado parcialmente pelo Dr. Carneiro, escutou meio consciente palavras estimulantes e roteiro para a viagem inadiável.

Despertou angustiado, embora conservasse na mente a ideia do termo da romagem física.

Mais tarde, quando os amigos se aproximaram para a conversação habitual, o dedicado médico inspirou a palestra, conduzindo-a para o palpitante problema da vida nova.

Tecendo comentários sábios e profundos em torno da vida, aquém e além da fronteira carnal, o amigo transmitiu-lhe a notícia do decesso físico, animando-o para a bela excursão ao *país da luz*.

Feitas as orações e lidos alguns salmos espiritualizantes, o enfermo serenou, identificando a fé robustecida pela certeza da imortalidade.

Dr. Carneiro informou-nos:

– Ele melhorará, aparentemente, para desprender-se dentro de quatro dias, a fim de o poupparmos a choques para os quais não se encontra preparado. Assim, terá tempo de meditar, recolhendo os frutos da esperança.

Consoante a previsão do médico espiritual, decorrido o prazo, em relativa melhora, o estado geral apresentou modificação súbita e os distúrbios cardíacos, em desordenada repetição, precipitaram o processo desencarnatório.

Sentada ao seu lado, e cercados pelos amigos constantes, ouvi o Dr. Carneiro acentuar:

– Inspiremos os amigos que se encontram em reunião doutrinária a apressarem os trabalhos, favorecendo-nos com vibrações úteis.

No mesmo momento, claridade alaranjada, reconfortante e balsâmica, banhou o aposento.

– São as vibrações de amor dos irmãos na fé – murmurou frei Francisco D'Ávila, que cooperava em passes de desprendimento.

Realizando a delicada operação de desligar os liames perispirituais, que durante toda a existência se imanam ao corpo, informou o médico:

– Desligar-se-á dentro de alguns minutos.

Acompanhei o processo desencarnatório, emocionada. A *morte* não parece ser muito fácil. Observei que se desprendiam do corpo do moribundo, principalmente das zonas onde foram aplicados os recursos dispersivos, os fluidos que pareciam movimentados por hábeis instrumentos, recompondo ao lado do corpo que estertorava um perfeito duplo em tudo igual ao complexo material. A respiração, antes acelerada, foi diminuindo até extinguir-se. Dera-se a morte física. Apesar disso, continuava ligado à zona coronária, por liame espesso, pardo-acinzentado.

Enquanto os encarnados oravam ou choravam discretamente, o médico espiritual continuou o trabalho de desligamento, informando-nos, obsequioso:

– Somente decorridas algumas horas procederemos ao corte da ligação epifisária. Clinicamente o Gonçalves está *morto*. Sabemos, entretanto, que agora se inicia a grande jornada para a sua alma lutadora. Saudemos o irmão que retorna, em nossas orações de reconhecimento ao Celeste Vivo.

Passados oito dias em os quais o companheiro se demorou em sono profundo, foi conduzido à Colônia, onde despertou em estado de inquietação e dor.

A enfermidade demorada deixou impressões profundas. Continuou, assim, apresentando os sinais do cansaço, seguidos de longos minutos de dispneia e sucessivos desmaios.

Assistido, entretanto, pelo Dr. Cléofas, lentamente foi recobrando a serenidade, sendo conduzido a enfermaria especializada. Passados quarenta dias, fui levada pela irmã Zélia ao encontro com o velho amor, já consciente e ansioso.

Cheia de expectativa, venci a pequena distância que nos separava em conversa com a benfeitora prestimosa, e, ao chegar à sala, vislumbrei, ao lado do querido amigo, a figura delicada e jovial da amorosa Liebe.

Recebida com ternura pela meiga mensageira do Céu, ouvi-lhe novamente a voz macia, ao mesmo tempo em que, erguendo o recém-desencarnado, anunciava:

– Gonçalves, Jesus concede-lhe a satisfação do reencontro. Nossa Otília veio visitá-lo. Não há morte! Sinta a vida! Agora você está livre!

Aproximei-me do leito e, debruçando-me, abracei-o, feliz e reconhecida, beijando-lhe a cabeça ainda povoada de recordações e tormentos, e, como outrora, reclinei-me no seu peito.

Voltei a visitar o colaborador da minha alegria na Terra, quanto me permitiam as obrigações, respeitando, naturalmente, o regulamento do Nosocômio espiritual.

Com o passar do tempo, convalescente, foi-nos permitido alongar a conversação, e, à medida que se ajustava ao nosso estado, pôde ensaiar os primeiros passos no mundo novo.

Na primeira oportunidade, a irmã Zélia convidou-nos a visitar o Jardim da Saúde. Era a primeira vez que ouvia falar em tal recanto e, desejosa de informes, aguardei jubilosa o ensejo.

Na noite seguinte, tomamos um veículo que nos conduziu os três aos arredores da cidade. Bosque colorido esplendia de luz e cor ao nosso olhar atônito.

Flores miúdas embalsamavam o ar. Pareciam-se com as flores dos jardins terrenos, com a diferença única de serem luminosas.

Ante o meu espanto, a dedicada condutora explicou:

– Trata-se de flores medicamentosas. Durante as horas do dia absorvem os raios solares, e à noite, ao transmitirem a luz retida, favorecem os Espíritos alquebrados com emanações fluídicas de alto teor medicamentoso. Aproximemo-nos!

Acercamo-nos de um canteiro de gerânios e rosas de alvura invulgar. Sentamo-nos num banco igualmente alvo e macio que cedia anatômico ao pouso do corpo espiritual. Música melodiosa derramava-se na noite.

Silenciosos, aquietamo-nos na contemplação abençoada do pomar da Natureza.

31

Espiritismo e Cristianismo

Um ano depois da chegada de Gonçalves, eu já tomava parte ativa nas frequentes excursões ao orbe terreno, em aprendizado e tarefas de auxílio, quando o Dr. Cléofas informou que poderíamos acompanhá-lo à reunião da tarde seguinte, a fim de ouvirmos a palavra sábia e consoladora de dedicado pregador espírita desencarnado havia alguns anos.

Chegando ao recinto, deslumbrei-me com a multidão expectante, em cujo semblante o júbilo vibrava nas emoções gerais.

Depois de alguns minutos, acompanhada do Diretor da Colônia, apareceu na plataforma, tomando assento à mesa, a figura veneranda de José Petitinga, o esclarecido trabalhador espiritista da Bahia.

O respeitável cristão, delicadamente apresentado, dirigiu-se à singela tribuna e, depois de breve reconhecimento, aureolado de claridade diamantina, saudou-nos com a alocução que o Mestre nos legou:

– Amados irmãos, paz seja convosco!

Uma grande noite abatera-se sobre a Terra, demorando-se, impiedosa.

A dor, zombeteira, escarnecia da fé, derramando a sua taça de amargura e desespero.

Respeitáveis patrimônios de crença desmoronavam-se fragorosamente.

Campeavam o crime e o medo.

A imoralidade vencia as resistências e enxovalhava os lares.

Fermentavam ódios e vinditas enlutavam corações, destruindo família inteiras.

Santuários austeros eram violados pelo desrespeito dos próprios zeladores.

A fauce hiante do horror apresentava-se e, gritando feroz, a todos conclamava ao prazer animalizante, à posse indébita, ao saque violento, à destruição.

Quantos obstinados desejavam erguer barricadas em torno dos tesouros da honra, da família, do bem, eram massacrados e vencidos. O ridículo sorria em todas as bocas, e crer, vivendo a fé, representava quase uma enfermidade que inspirava asco aos cínicos.

Estabelecera-se o *reino da loucura*.

Depois de séculos de obscurantismo e dominações guerreiras, a Razão e a Justiça ergueram-se para destruir as algemas escravizantes, inaugurando uma era de novas misérias.

Em nome da razão empírica, surgiram ideias absurdas destruindo venerandos princípios. Deus foi exilado de França como um réprobo e o materialismo, decorrente dos conceitos ousados de pensadores precipitados, dilatou seus domínios.

Quando a razão, apoiada no cientificismo moderno, avançou investigando, o desequilíbrio arrancou expressões que traduziam a loucura da época. *Ciência e Razão, eis os meus deuses* – gritaram os investigadores do fenômeno da vida, transtornados.

Concomitantemente a Justiça, que nascia como um ideal e que ousava partir os grilhões do absolutismo do poder para proclamar os Direitos do Homem, em hora de desespero, também gerou hecatombes que dizimaram populações no último quartel do século XVIII. E o futuro que se delineava cheio de esperanças crispou as águas, ameaçando o barco da Humanidade, açoitado nas cristas gigantescas das ondas desvairadas, em tormentas incessantes.

A Ciência examina e procura, liberta-se de todos os preconceitos, renovando concepções e amadurecendo descobrimentos.

A Filosofia indaga e cresce, elegendo ídolos e derrubando-os logo depois na ânsia de encontrar respostas às indagações filosóficas.

A alma do povo sofre o efeito do desequilíbrio dos dirigentes do pensamento universal.

Todas as atenções se voltam para o Céu, que parece distante dos terríveis problemas da hora.

Mas, nesse momento de angústia, o Espírito luminoso Allan Kardec, tantas vezes experimentado nos grandes testemunhos ao Bem, é chamado ao torvelinho da carne.

A França manda seus filhos estudarem em outros países, depois da queda dos princípios filosóficos que derrubaram a Bastilha e geraram tanto horror. E o jovem Denizard Rivail é enviado a Yverdon, na Suíça, para, junto a Pestalozzi, o professor ideal, burilar o pensamento, retemperando a moral diamantina para as grandes lutas em que se empenharia mais tarde.

Chamado à liça, no momento das mesas girantes e falantes, recebe, frio a princípio, depois meticuloso, e por fim entusiasta, a mensagem revolucionária do Além-túmulo, obedecendo ao convite para ajustar-se à Missão de propagar, viver e sofrer pelas ideias novas.

As vozes voltam a falar.

Os túmulos quebram o silêncio e os mortos ficam de pé.

Surge o Espiritismo, clareando consciências e consolando corações.

Interrogações milenárias encontram respostas lúcidas à luz meridiana da razão científica, que afirma a imortalidade, através dos seus mais altos expoentes.

Teorias estúpidas, secularmente aceitas, tremem nos seus fracos pedestais e edifícios de falso saber tombam em nuvens de pó.

Ideologias, guardadas pelo longo silêncio dos tempos, voltam à atualidade e impõem-se vitalizadas pela nova Filosofia.

Os mistérios de Elêusis e Ísis são aclarados.

A morte é vencida no reduto a que se acolhera, demorando-se esmagada sob a realidade do Espírito livre.

Kardec sai a campo.

Encapeladas mareações são vencidas.

Perseguições supremas tentam cercear-lhe a marcha, sem o conseguirem, todavia.

Traz uma Mensagem para o mundo e dá-la-á com o ardor de um Apóstolo e o entusiasmo de um esteta.

Sua palavra, concisa e lógica, enfrenta as superstições e as esmaga.

Sua pena luminosa polemiza e esclarece.

Sua vontade férrea fá-lo dominar a covardia de uns e o pieguismo de outros, continuando a jornada luminosa.

A Doutrina Espírita brilha fulgurante, rompendo a noite e vencendo-a.

Almas aflitas buscam o Consolador.

Corações saudosos mergulham o pensamento em novas concepções e o amor se renova sob os auspícios da Eternidade.

Criaturas simples e sofredoras batem às portas do Paracleto, carregadas de problemas e inquietações, e são atendidas com elucidações vitalizantes.

Quando *O Evangelho Segundo o Espiritismo* difunde as letras que guardam o Verbo do Mestre Inconfundível, iluminadas pelas informações dos Imortais, a Religião Espírita planta a semente da Fé incomparável e cresce albergando multidões. É que no seio dessa Crença há lenço para todas as lágrimas, consolo para todos os sofrimentos e remédio para todas as doenças.

Jesus Cristo, que parecia longe do mundo, volta ao mundo e fulgura nos corações.

Deus, que fora exilado na Grande Convenção de França, volta e permanece acima de todas as igrejas como o Supremo Arquiteto, amado e respeitado.

O dogma enfermiço e obsoleto é substituído pelo livre exame.

A intolerância é trocada pela compreensão.

A supremacia religiosa é vencida pelo bom senso.

O egoísmo é dominado pela caridade.

Os homens voltam a ser irmãos.

Por isso afirmou o excelso codificador: "A caridade é a alma do Espiritismo. Ela resume todos os deveres do homem para consigo mesmo e para com seus semelhantes. É por isso que se pode dizer que não há verdadeiro espírita sem caridade."

Retornava à Terra o Cristianismo puro, ensinado por Jesus e seus discípulos nos três primeiros séculos da nossa História.

Com o Espiritismo, o amor volta a reinar glorioso.

Não temos o direito de ser felizes, mas o dever de fazer a felicidade do próximo – afirmam as vozes.

Não somos credores de honra nem de alegrias, antes, devedores de graças e concessões valiosas.

Não dispomos de títulos que nos permitam angelitude nem paz. Somos condutores de fichas com anotações que nos convocam à retaguarda para recuperações.

O homem chora – nossa oportunidade de servir.

O homem odeia – nosso ensejo de amar.

O homem se desespera – nosso momento de ajudar.

O homem corre enlouquecido – nossa ocasião de amparar.

O homem anseia por liberdade – nossa hora de reencarcerar-nos na carne para ascender com ele à Vida Maior. Este o novo regulamento.

Jesus é a porta da felicidade.

Kardec é a via de acesso.

O Cristianismo é a resposta celeste ao angustiante apelo do mundo.

O Espiritismo é o condutor do homem aos braços do Pastor Divino.

Avancemos no Bem, demoremos na bondade, exercitemo-nos na renúncia.

Não tenhamos dúvidas de que o Senhor aguarda por nós. Resta-nos apenas a resolução de avançar para o Senhor.

Paz seja convosco!”

Ao terminar, coroado de luz, afastou-se humilde, demandando o lugar à mesa que ocupara antes.

A emoção tomava-nos a todos. Júbilos e saudades, recordações e ansiedades múltiplas falavam em nossas almas.

Delicadas pétalas de rosas caíam do teto e desfaziam-se no recinto, impregnando-nos de agradável e suave aroma.

Era a resposta do Céu, naquela hora de comunhão com o Alto.

32
CONFIANTE

O tempo abençoava-me a vida com as excelentes oportunidades de serviço e aprendizado.

A morte não me ceifara a felicidade de trabalhar. Ao contrário, desdobrara-me as possibilidades de produzir.

A vida que não cessa é acionada pelo trabalho que não para. Em toda parte, o trabalho é a alavanca básica de movimentação mantenedora do equilíbrio. Patrimônio legado pela Divindade, o trabalho representa honra e glória para o espírito sedento de evolução e aprimoramento.

Enquanto nos retemos na vida física, não sabemos valorizar-lhe a expressão contribuinte para a integração no Bem sem limites. Constitui-se mais desagradável obrigação, da qual necessitamos libertar-nos, do que propriamente bênção substancial de harmonia interior e satisfação evolutiva.

Por educação deficiente, vemos no trabalho um meio de subsistência e acúmulo de pertences que, entretanto, passam com o tempo.

No mundo do espírito, descobrimos surpresas que tal mister, longe de ser uma imposição, é, em realidade, uma oportunidade abençoada, porquanto, tudo girando em torno da construção incessante, a alma se sente honrada com o prêmio de cooperar na sublimação de todas as coisas.

Entibiada pelo interesse imediatista no plano físico, a alma encarcera-se num modo deficiente de examinar a vida e desrespeita a concessão da luta, descobrindo meios de fuga e lucros. Através de leis sutis e hábeis, que encurtam o horário do labor, conclamando o homem à ociosidade e à insensatez, num repouso imerecido, onde a mente livre de responsabilidade e preocupação elevada se entrega aos hábitos depressivos, o homem perde a alegria e o ânimo e faz do trabalho um adversário da paz íntima...

Sem o objetivo mais nobre que o trabalho sugere, o homem se faz um autômato inconsciente, sem roteiro, perdendo-se em si mesmo, entre inquietações e repetições de falsas necessidades, adquirindo neuroses e psicoses que terminam por destruir-lhe a vontade.

Na esfera nova de lutas onde me encontro, o Espírito deseducado no dever experimenta agonias indescritíveis, porque evolução é fruto de lutas que não cessam e felicidade é resultado do dever bem cumprido.

Só o dever realmente vivido pode responder com favores recíprocos aos apelos veementes do Espírito.

Procurei, em razão de tudo isso, ajustar-me ao programa de conquistas, alojando no íntimo os propósitos humildes de esforçar-me e vencer-me através do desenvolvimento de recursos, na dedicação ao serviço de cooperação.

Em face de tantas concessões da vida ao meu Espírito atribulado e cheio de dívidas, um horizonte glorioso desabrocha risonho à minha alma ansiosa por liberdade e amplidão.

A Misericórdia Celeste pode ser entendida fora dos limites apertados dos dogmatismos religiosos e o Pai Amantíssimo parece crescer em mim de maneira empolgante e entusiástica.

Em toda parte, minha filha, a vida desenrola-se num dossel maravilhoso de promessas e harmonias.

A noite é sucedida pelo dia.

A dor afastada pela saúde.

O ódio superado pelo amor.

O medo dominado pelo fervor da coragem.

E a fé, rutilante e imponente, clareia-nos hoje a senda, convidando-nos à conquista.

Arrebentam-se as cadeias da crença tradicional e a realização intelectiva proporciona um patrimônio inestimável para a vitória certa.

De alma confiante, contemplo o porvir.

Muitos e sucessivos obstáculos se erguem ainda à minha frente, aguardando superação e conquista. Mas, com o Senhor no coração e na mente, não me atemorizo.

Com a claridade do entendimento lúcido, o resgate que me convoca a retorno oportuno ao caminho do dever reencarnatório, se, por um lado, me faz meditar profundamente, por outro, não me atemoriza, embora eu compreenda e sinta quantas quedas e recuos ocorrem na liça das batalhas.

Encontro-me informada, hoje, de muitos que fracassam nas tarefas em que seguem empenhados, muito antes de entrarem nelas. Os adversários do ontem nos cerceiam a marcha, dificultam-nos as possibilidades, distendem-nos espinhos ou nos amolecem o caráter na comodidade e no prazer.

Mas sigo confiante no Senhor Jesus, Guia e Amigo Nosso, que jamais se esquece de socorrer os servos mergulhados nos ásperos combates.

Nele confio. Nele deposito todas as esperanças, oferecendo-Lhe a existência, mil vezes se necessário, pela infinita ventura de honrá-lO e amá-lO.

33

GRATIDÃO

Filha do meu coração, enxugo os olhos úmidos e deposito aos pés da Mãe Santíssima da Humanidade as flores débeis dos meus sorrisos de esperança.

No seu amor que ameniza o sofrimento e acalma o desespero, tenho colocado a minha taça de solicitações incessantes, rogando-lhe auxílio e paz.

Endividada, fracassada tantas vezes e rastejando em perigosos caminhos, tomada de ignorância e miséria, sou a filha pródiga que retorna aos braços da sua caridade e compaixão.

Sem fazer jus, ao menos às concessões de esperança e trabalho que me enriquecem os dias, tive minhas horas utilizadas pela insuperável alegria de poder falar-te, despertando-te a alma, com a preocupação que vive em todas as mães, para a utilização inteligente do tempo.

Nestas últimas palavras, pelas quais ofereço o meu ósculo de carinho sem limite, ao teu coração inesquecido, tento erguer-me da pequenez que me caracteriza para falar à Rainha do Céu, enquanto lhe oferto o meu ramalhete de gratidão.

– *Senhora!*

Em nome de todas as mães sofredoras do Além-túmulo, ofereço-vos a alegria destes momentos incomparáveis, eu que sou uma delas.

Oh! Rosa Mística de Nazaré, tende piedade de quantas mulheres que desrespeitando o santuário da maternidade, se atiram loucas nos abismos do crime.

Mulheres que adiaram o santo ministério da procriação.

Mulheres que se embriagaram na taça dos vícios.

Mulheres que degradaram o vaso sublime da perpetuação da espécie.

Mulheres que desdenharam o ideal supremo de toda mulher.

Mulheres que envenenaram a existência com o licor da vaidade e da paixão, descendo à vala do assassínio.

Mulheres enceguecidas pelo ciúme que se atiraram no despenhadeiro sem fundo do suicídio.

E socorrei aquelas outras que:

Mães, sacrificaram-se no anonimato e na renúncia;

Mães, amarguraram no silêncio e no esquecimento, guardando a própria dor.

Mães, desprezadas e vilipendiadas, permaneceram desconhecidas.

Mães, lutaram e sofreram sem desânimo nem receio.

Mães, morreram no holocausto do lar, para que os filhos se tornassem filhos do vosso Amor, dignos do vosso Filho.

Oh! vós que experimentastes todas as máximas agonias e sorvestes sem reclamação, até a última gota, a taça de fel e amarguras, por amor do amado Filho, perdoando aos seus algozes, descerrai vossos olhos e contemplai a mulher sofredora e desfalecente, ajudando-a e reconvocando-a aos sagrados deveres do Lar e da Maternidade.

Senhora nossa, ajoelhada aos vossos pés, ofereço a minha insignificância ao trabalho do amor, pelo menos, em favor de mim mesma.

Este livro foi impresso na
LIS GRÁFICA E EDITORA LTDA.
Rua Felício Antônio Alves, 370 – Bonsucesso
CEP 07175-450 – Guarulhos – SP
Fone: (11) 3382-0777 – Fax: (11) 3382-0778
lisgrafica@lisgrafica.com.br – www.lisgrafica.com.br